W0061307

Auf ins Vergnügen

002md Abb.: tb

Madrid an einem Wochenende

Madrids Zentrum lässt sich gut zu Fuß erobern und wer schon am Vortag nachmittags oder abends ankommt, dem sei empfohlen, rund um die Plaza Mayor **5** schon mal einen kleinen Spaziergang zu machen, später eines der guten Restaurants in der Altstadtgasse Cava Baja [B5] aufzusuchen und auf der Plaza de la Paja **14** die Abendstimmung zu genießen, etwa bei einem Drink, der bei gutem Wetter am besten auf einer der Terrassenbars (s. S. 33) eingenommen werden sollte.

1. Tag: Stadtspaziergang

Morgens

Gut gerüstet für den Stadtspaziergang ist man nach einem Frühstück in der Café-Konditorei La Mallorquina (s. S. 33). Vom 1. Stock aus bietet sich eine gute Sicht auf das Treiben auf der **Puerta del Sol 1** .

Von hier aus ist es nur ein Katzensprung zur **Plaza Mayor 5**, der quadratischen Schaubühne der Stadt mit Arkadengängen, Porträtmalern und Tavernen. Wer für abends den Besuch eines Rockkonzerts, einer Oper oder einer Flamencovorstellung plant, kann sich hier im modern eingerichteten Infoamt (s. S. 111) nach den aktuellen Programmen erkundigen. Gleich neben dem Platz befindet sich die schicke **Gourmet-Markthalle Mercado de San Miguel 7** , die letzte noch erhaltene Markthalle aus Gusseisen in modernem Design.

Von hier aus geht es direkt in den Altstadtbereich mit den schönsten historischen Gebäuden. Der Spaziergang führt zur Plaza de Oriente mit dem gewaltigen **Königspalast 9** , dem sehr angesehenen Opernhaus

Teatro Real 11 und dem Augustinerinnenkloster **Real Monasterio de la Encarnación 12** . Nun ist es nicht mehr weit bis zur **Plaza de España 13** in nördlicher Richtung mit der Cervantes-Statue und den Figuren von Don Quijote und Sancho Panza.

Mittags

Je nach Lust und Geldbeutel lohnen sich die Tavernen an der Plaza de Oriente oder Plaza de España auch für ein **Mittagessen**, das hier nicht vor 14 Uhr losgeht. Wer nur etwas Einfaches möchte und schon früher essen will, dem sei das Pans & Company (s. S. 37) an der Gran Vía empfohlen. Die **Gran Vía** ist dann auch der nächste Abschnitt des Spaziergangs. Sie lohnt zum **Shoppen** nach dem Essen, denn hier gibt es viele Mode- und Musikläden für jeden Geschmack. Wer den gemütlichen **Schaufensterbummel** fortsetzen möchte, folgt der Calle de Clavel und der Calle de San Bartolomé Richtung **Chueca** (s. S. 102). Abseits vom Mainstream haben sich dort viele junge Designer angesiedelt. **Nach diesem Spaziergang** würde ich mich in der Unterkunft etwas ausruhen, denn die Nacht kann – wenn man möchte – ziemlich lang werden.

Routenverlauf im Stadtplan

Der hier beschriebene Spaziergang ist mit einer farbigen Linie im Stadtplan eingezeichnet.

▷ *Blick vom Aussichtsturm des Palacio de Cibeles* **20** *auf Madrid*

◁ *Vorseite: Grandiose Aussicht von der Dachterrasse des Oscar (s. S. 123)*

Tobias Büscher

CITY|TRIP
MADRID

Nicht verpassen! Karte S. 3

4 Kloster Descalzas Reales [C3]
Das Kloster der „Königlichen Barfüßerinnen" ist alles andere als schlicht, sondern bietet viel Kunst, beeindruckende Wandteppiche und Fresken (s. S. 77).

5 Plaza Mayor [C4]
Wo früher Stierkämpfe abgehalten und Hexen verbrannt wurden, befindet sich heute die Schaubühne der Altstadt (s. S. 78).

17 Plaza Santa Ana [D4]
Hier liegt das Epizentrum des Nachtlebens. Nirgendwo in Madrid gibt es so viele Kneipen, Bars und Tavernen wie am und um den Platz der heiligen Anna (s. S. 90).

19 Museo Nacional Centro de Arte Reina Sofía [F6]
In dem ehemaligen, spektakulär umgebauten Hospiz hängt eines der berühmtesten Gemälde der Welt: „Guernica" von Pablo Picasso (s. S. 91).

21 Museo Thyssen-Bornemisza [F4]
Die vom Staat gekaufte Privatsammlung wertvoller Bilder ist so beachtlich wie der moderne Bau selbst (s. S. 95).

22 Museo del Prado [F4]
Die weltbekannte Pinakothek beherbergt eine unglaubliche Menge an Gemälden berühmter Künstler des 16. bis 19. Jh., unter denen vor allem die spanischen Meister wie Goya und Velázquez hervorstechen (s. S. 95).

23 Caixa Forum [F5]
Das neue Kunstzentrum nahe den großen Museen zieht mit seiner spektakulären Architektur und den dort regelmäßig stattfindenden hochkarätigen Events sogar die größten Kunstmuffel an (s. S. 98).

25 Retiro-Park [H3]
Der Stadtpark östlich des Prado bietet Entspannung und Frischluft. Hier kann man sich von anstrengenden Rundgängen und dem allgegenwärtigen Autochaos wunderbar erholen (s. S. 99).

Leichte Orientierung mit dem cleveren Nummernsystem
Die Sehenswürdigkeiten der Stadt sind zum schnellen Auffinden mit **fortlaufenden Nummern** versehen. Diese verweisen auf die ausführliche Beschreibung **im Kapitel** „Madrid entdecken" und zeigen auch die genaue Lage **im Stadtplan**.

Madrid auf einen Blick

0   400 m
© REISE KNOW-HOW 2014

Malasaña und Chueca S. 102

Königspalast und Umgebung S. 81

④ Kloster Descalzas Reales

Rund um den Paseo del Prado S. 93

Retiro-Park ㉕

Rund um die Puerta del Sol S. 74

㉑ Museo Thyssen-Bornemisza

⑰ Plaza Santa Ana

㉒ Museo del Prado

Plaza Mayor S. 78

⑤ Plaza Mayor

La Latina S. 87

Huertas S. 90

㉓ Caixa Forum

⑲ Museo Nacional Centro de Arte Reina Sofía

Inhalt

◁ *Don Quijote und Sancho Panza – das meistfotografierte Paar Madrids*

Exkurse zwischendurch

Benutzungshinweise

Bewertung der Sehenswürdigkeiten

★ ★ ★   auf keinen Fall verpassen
★ ★   besonders sehenswert
★   wichtige Sehenswürdigkeit für
         speziell interessierte Besucher

Vorwahlen

❯ Spanien: 0034
❯ Madrid: 91
❯ Deutschland: 0049
❯ Schweiz: 0041
❯ Österreich: 0043

Wochentage

Wochentage werden in Stadtmagazinen und Zeitungen oft abgekürzt:

L   *Lunes* – Montag
M   *Martes* – Dienstag
X   *Miércoles* – Mittwoch
J   *Jueves* – Donnerstag
V   *Viernes* – Freitag
S   *Sábado* – Samstag
D   *Domingo* – Sonntag

Orientierungssystem

Eine Liste der im Buch beschriebenen Örtlichkeiten befindet sich auf Seite 140. Zur schnelleren Orientierung tragen alle Hauptsehenswürdigkeiten und Lokalitäten sowohl im Text als auch im Kartenmaterial die gleiche Nummer:

🛈88 Mit Symbol und fortlaufender Nummer werden die sonstigen Lokalitäten wie Cafés, Geschäfte, Hotels, Infostellen usw. gekennzeichnet.

⓫ Mit einer fortlaufenden magentafarbenen Nummer sind die Hauptsehenswürdigkeiten gekennzeichnet. Steht die Nummer im Fließtext, verweist sie auf die Beschreibung dieser Sehenswürdigkeit im Kapitel „Madrid entdecken".

❯ Die farbige Linie markiert den Verlauf des Stadtspaziergangs (s. S. 8).

[B3] In eckigen Klammern steht das Planquadrat im Kartenmaterial, in diesem Beispiel Planquadrat B3.

     Ortsmarken ohne Angabe des Planquadrats liegen außerhalb unserer Karten. Sie können aber wie alle Örtlichkeiten in unseren speziellen Luftbildkarten auf der Produktseite dieses Buches unter www.reise-know-how.de oder direkt unter http://ct-madrid.reise-know-how.de lokalisiert werden.

Abkürzungen

❯ I, iz, izqu: *izquierda* – links
❯ D, derr: *derecha* – rechts
❯ s/n: *sin número* – ohne Nummer
❯ Av, Avda: *Avenida* – Allee
❯ Abto: *abierto* – offen
❯ Cerr: *cerrado* – geschlossen
❯ Gran Vía 35, 3 D: Gran Vía 35,
    3. Stock rechts
❯ Gran Vía 35, 2 I: Gran Vía 35, 2. Stock links

Impressum

Tobias Büscher

CityTrip Madrid

erschienen im
REISE KNOW-HOW Verlag Peter Rump GmbH,
Osnabrücker Str. 79, 33649 Bielefeld

© REISE KNOW-HOW Verlag
   Peter Rump GmbH 2010, 2011
**3., neu bearbeitete und komplett
aktualisierte Auflage 2014**
Alle Rechte vorbehalten.

ISBN 978-3-8317-2429-1
PRINTED IN GERMANY

Dieses Buch ist erhältlich in jeder Buch-
handlung Deutschlands, der Schweiz,
Österreichs, Belgiens und der Niederlande.
Bitte informieren Sie Ihren Buchhändler
über folgende Bezugsadressen:
    Deutschland: Prolit GmbH, Postfach 9,
    D-35461 Fernwald (Annerod)
    sowie alle Barsortimente
    Schweiz: AVA Verlagsauslieferung AG,
    Postfach 27, CH-8910 Affoltern
    Österreich: Mohr Morawa Buchvertrieb
    GmbH, Sulzengasse 2, A-1230 Wien
    Niederlande, Belgien: Willems
    Adventure, www.willemsadventure.nl
Wer im Buchhandel kein Glück hat,
bekommt unsere Bücher auch über
unseren Büchershop im Internet:
www.reise-know-how.de

Herausgeber: Klaus Werner
Lektorat: amundo media GmbH
Layout: Klaus Werner (Umschlag),
    amundo media GmbH (Inhalt)
Karten: Ingenieurbüro B. Spachmüller,
    amundo media GmbH
Druck und Bindung: Media-Print, Paderborn
Fotos: siehe Bildnachweis Seite 139
Anzeigenvertrieb: KV Kommunalverlag
    GmbH & Co. KG, Alte Landstraße 23,
    85521 Ottobrunn, Tel. 089 928096-0,
    info@kommunal-verlag.de

Alle Informationen in diesem Buch sind
vom Autor mit größter Sorgfalt gesammelt
und vom Lektorat des Verlages gewissen-
haft bearbeitet und überprüft worden.
Da inhaltliche und sachliche Fehler nicht
ausgeschlossen werden können, erklärt
der Verlag, dass alle Angaben im Sinne
der Produkthaftung ohne Garantie erfolgen
und dass Verlag wie Autor keinerlei
Verantwortung und Haftung für inhaltliche
und sachliche Fehler übernehmen.
Die Nennung von Firmen und ihren
Produkten und ihre Reihenfolge sind als
Beispiel ohne Wertung gegenüber anderen
anzusehen. Qualitäts- und Quantitätsan-
gaben sind rein subjektive Einschätzungen
des Autoren und dienen keinesfalls der
Bewerbung von Firmen oder Produkten.

Wir freuen uns über Kritik, Kommentare
und Verbesserungsvorschläge:
info@reise-know-how.de

Latest News

Unter **www.reise-know-how.de** werden
aktuelle Ergänzungen und Änderungen
der Autoren und Leser zum vorliegen-
den Buch bereitgestellt. Sie sind auf
der Produktseite dieses CityTrip-Titels
abrufbar.

Abends

Die **Plaza Santa Ana**  ist **Dreh und Angelpunkt des Nachtlebens.** Tapas bekommt man wunderbar in den angrenzenden Tavernen wie der Cervecería Alemana (s. S. 40). Für Jazzfans beginnen die Sessions im Café Central (s. S. 42) ein paar Schritte vom Platz entfernt und wer lieber Madrid bei Nacht von oben sieht, sollte mit dem Aufzug zur Terrasse The Penthouse (s. S. 33) hochfahren, mit seinen kultigen Sitzflächen und einer fantastischen Sicht auf die Plaza Santa Ana ein herrlicher Ort zum Chillen. Vor allem Freitag- und Samstagnacht füllen sich rund um die Plaza Sant Ana die Bars und man hat den Eindruck, die halbe Stadt sei auf den Beinen. Wer später noch tanzen gehen will, dem empfehle ich den Palacio Gaviria (schick, s. S. 42) bzw. das Berlin Cabaret (schrill, s. S. 41).

2. Tag

Morgens

Sonntagmorgens ist bis 14 Uhr der **Rastro-Flohmarkt** (s. S. 23) dank des enormen Angebots an Kitsch, Kuriositäten und Antiquitäten ein echtes Erlebnis. (Vorsicht: Taschendiebe!) Wer vorher erst einmal richtig brunchen will, der ist im Oliver (s. S. 37) genau richtig. Auch an anderen Tagen in der Woche ist ein Streifzug über den Rastro keine schlechte Idee, weil es dann ruhiger ist und die Läden nicht überquillen. Danach lohnt sich (ab 12 Uhr) ein Besuch der schon 1830 gegründeten Taberna de Antonio Sánchez (s. S. 35) mit Stierköpfen an der Wand, einfachen Holztischen und leckeren Säften und Aperitifs (ein Klassiker ist Wermut). Sowohl Betreiber als auch Gründer des Restaurants standen schon in der Arena.

010md Abb.: tb

Mittags

Zum Mittagessen ist das **En Esta-do Puro** (s. S. 34) mit seiner Terras-se ein Tipp, wo es mit die besten und doch nicht allzu teuren Tapas der Stadt gibt. Warum ich das empfehle? Weil der sympathische Starkoch Paco Roncero die Tapas kreiert hat, sogar eine Variante von Hamburgern, nur kleiner und um Längen leckerer. Sein Restaurant liegt bereits an der **Kunst-meile Paseo del Prado**, wo man wahl-weise die Pinakothek Prado ㉒, das Museum Reina Sofía ㉓ oder das Mu-seum Thyssen-Bornemisza ㉑ besu-chen kann. Für den Prado spricht die Goya-Sammlung, für das Reina Sofía das berühmte Guernica-Bild von Pi-casso und für das Thyssen-Museum die Übersichtlichkeit der gut präsen-tierten Werke.

Wer nicht so sehr auf Gemälde steht, aber trotzdem etwas Kunst er-leben möchte, sollte das allein archi-tektonisch fantastische Kunstzent-rum **Caixa Forum** ㉓ (freier Eintritt) und den **Atocha-Bahnhof** ㉖ besu-chen, der von Innen eher einem Ge-wächshaus gleicht. Eine lohnende Alternative für Sportbegeisterte ist der Rundgang im nördlich an der breitspurigen Castellana gelegenen

Das gibt es nur in Madrid

> *Fiesta de San Isidro: Das Fest zu Ehren des Stadtpatrons rund um den 15. Mai ist hinsichtlich des gebotenen Kulturangebots einfach unschlagbar (s. S. 14).*

> *Schiefe Zwillingstürme: Die Puerta de Europa [cg] besteht aus zwei Türmen, die sich um sagen-hafte 15 Grad zueinander neigen.*

> *Das älteste Restaurant: Botín heißt es, stammt aus dem Jahr 1725 und ist laut Guinessbuch die älteste Taverne der Welt (s. S. 38). Die Preise allerdings gehen mit der Zeit.*

> *Uhr der 12 Trauben: Der Uhren-turm des Postgebäudes Casa de Correos an der Puerta del Sol ❶ erscheint an Silvester auf jedem Bildschirm des Landes. Bei jedem der 12 letzten Gongschläge des Jah-res wird eine Traube geschluckt.*

> *Der Leibhaftige: Im Retiro-Park ㉕ steht eine Statue des Teufels: der „Angel Caído" (gefallene Engel).*

Fußballstadion Bernabéu **32**. In jedem Fall entspannend ist am Nachmittag der **Retiro-Park** **25** mit seinen schönen Wegen, Spielflächen, Kleinkünstlern, dem Glaspalast und dem künstlichen See mit kleinen Ruderbooten.

Abends

Abends gibt es auch wieder für jeden Geschmack etwas: Leckere Gerichte in alternativem Ambiente bieten die Tavernen an der Straße Argumosa [E6], kastilische und baskische Lokale mit mehr Anspruch finden sich in der bildschönen Altstadtgasse Cava Baja [B5]. Und wer sich zum Abschluss richtig etwas gönnen und **kastilische Edelküche** probieren möchte, dem sei **Casa Paco** (s. S. 38) empfohlen – würdiger Abschluss eines Kurzbesuchs der spanischen Hauptstadt.

☐ *Auf dem Platz Juan Pujol [C/D1] sind die Bewohner meist unter sich*

Zur richtigen Zeit am richtigen Ort

Eine Reise nach Madrid lohnt immer. Selbst im brüllheißen Hochsommer, wenn die meisten Madrilenen an die Atlantikküste nach Galicien und Asturien fliehen, bietet die Stadt ein tolles Kulturprogramm und ein reduziertes Verkehrsaufkommen. Besonders empfehlenswerte Reisemonate sind wegen des milden Klimas jedoch Mai und September.

Januar

❯ **Silvester** – feiern die Madrilenen besonders gern auf dem Platz Puerta del Sol **1**. Das erste spanische Fernsehen sendet von hier in die Wohnzimmer des Landes. Pro Gongschlag der Uhr auf dem Postgebäude Casa de Correos isst man auf dem Platz wie daheim je eine der legendären zwölf Traubenbeeren. Wer sie bis zum zwölften Schlag herunterbekommt, so sagt man, hat Glück im kommenden Jahr. Während gegen Mitternacht die Straßen der Großstadt wie ausgestorben wirken, ist auf dem übervollen Platz die Hölle los: Knallfrösche und Sektkorken fliegen durch die Menge,

009md Abb.: tb

Zur richtigen Zeit am richtigen Ort

KURZ & KNAPP

Zarzuela

Unter dem Begriff „Zarzuela" versteht man eine spanische Bühnenshow mit Gesang und Musik, eine Art zotig-humorige Operette.

man fällt sich in die Arme und beobachtet dabei das funkelnde Feuerwerk. Die meisten feiern das neue Jahr jedoch im Kreis der Familie. Die Jüngeren schwärmen erst gegen ein, zwei Uhr in die Nacht hinaus, treffen sich auf privaten Festen oder in Discos. Nach dem Morgengrauen treffen sich viele zu *churros con chocolate* (einem Spritzgebäck mit Schokolade) in einem der vielen Cafés der Stadt.

❭ **Cabalgata de los Reyes** – heißt der Kinderumzug zu Ehren der Heiligen Drei Könige, der sich am Abend des 5. Januar mit Tanz, Luftballons, Elefanten und Konfetti durch das Zentrum schleppt. Eine Gaudi nicht nur für Kinder, die wie die Erwachsenen meist erst tags darauf, am

Feiertag der Heiligen Drei Könige, ihre Weihnachtsgeschenke erhalten.

❭ **Escena Contemporánea:** Das Off-Theater-Festival dauert von Ende Januar bis Ende Februar (www.escenacontemporanea.com).

❭ **Beginn der Opernzeit:** Von Januar bis Juli dauert die Opernzeit. Renommierte Ensembles treten im Theater der Zarzuela (Teatro de la Zarzuela, s. S. 47) auf.

Februar

❭ **Karneval:** Los geht es mit der Eröffnungsrede auf der Plaza Mayor ❺. Es gibt Theater, Tanz, Maskerade, Flamenco und Rockmusik. Maskengruppen mit ihrer Dolzflöte, einer Art Querflöte, ziehen durch die Gassen. Höhepunkt ist die „Beerdigung der Sardine", die den Beginn der Fastenzeit signalisiert.

❭ **Flamenco Caja Madrid:** Mehrtägiges Flamencofestival, Konzerte vorwiegend im Auditorium des Kulturzentrums La Casa Encendida (s. S. 46).

011md Abb.: tb

März/April

> **Karwoche:** Feierliche Prozessionen am Gründonnerstag leiten im März bzw. April die *semana santa* ein. Dabei ereignen sich in Madrid weder fanatische Selbstgeißelungen bis aufs Blut wie anderswo in Spanien, noch hat sie den Stellenwert und die Tradition etwa der sevillanischen Karwoche. Immerhin datiert die älteste Laienbruderschaft „del Santísimo Cristo de la Vida Eterna" auf das Jahr 1580. Jedes Jahr findet sie sich am Ostersamstag mit anderen Prozessionen auf der Plaza Mayor ❺ ein. Bereits am Gründonnerstag kann man sie in den Straßen der Habsburger Altstadt um die Plaza sehen, wenn sie von der Kathedrale San Isidro [C5] und der Kirche San Pedro el Viejo [B4] aus starten. Besonders stolz sind die Madrilenen auf die feierliche *Procesión del Santo Entierro* („Prozession zum heiligen Begräbnis") am Karfreitag in den Mauern des Klosters Descalzas Reales ❹.

> **Jazz es Primavera:** Von März bis in den April hinein findet das dreiwöchige Jazzfestival mit hochklassigen Gigs in den besten Jazzlokalen der Stadt statt. Das aktuelle Programm gibt es beim Infoamt an der Plaza Mayor (s. S. 111).

013md Abb.: jp

> **Madrid en Danza** – ist ein dreiwöchiges Tanzfestival im April. Vorwiegend ausdrucksstarker, moderner Tanz und Tanztheater wird geboten, veranstaltet auf diversen Bühnen (www.madrid.org/madridendanza).

Mai

> **Las Fiestas del Dos de Mayo:** Die Veranstaltungen erinnern an die Volkserhebung der Madrider Bürger gegen die französischen Besetzer am 2. Mai 1808. Sie beginnen bereits eine Woche vor dem historischen Datum und münden in einem Fest am Abend des 2. Mai auf der Plaza del Dos de Mayo [C1] in Malasaña. Traditionelle Tänze und Trachten vermischen sich dort mit Lederjacken und lauten Gitarren.

> **Suma Flamenca:** Eines der wichtigsten Flamencofestivals Spaniens, Programme in der Touristeninformation (s. S. 111) und im Internet unter www.madrid.org/sumaflamenca

KURZ & KNAPP

Warum bloß Sardinen beerdigen?

Dass an Aschermittwoch bei aufwendigen Prozessionen Pappmaschee-Sardinen zu Grabe getragen werden, hängt mit einem Vorfall vor gut 200 Jahren zusammen. Der spanische Hofstaat ließ kistenweise Sardinen für die anstehende Fastenzeit liefern. Doch weil es ungewöhnlich heiß war, verdarb die gesamte Lieferung und man musste die übel riechenden Fische vergraben.

▵ *Salsa-Band im La negra tomasa (s. S. 43)*

◁ *Junge Madrilenen in traditioneller Garderobe*

Fiesta de San Isidro – Madrids beste Fiesta

012md Abb.: tb

*Das einwöchige Fest San Isidro rund um den 15. Mai ist das **berühmteste und größte der Stadt**. Ausgerechnet ein einsamer Bauer ist Schutzpatron der Weltstadt Madrid und kitschige Heiligenbilder zeigen ihn mit Pflug, von Engelchen geführt und von Ochsen gezogen. Der religiöse Kern der Fiesta wird heute allerdings kaum noch wahrgenommen. Der Zug mit den Giganten (überdimensionale historische Figuren, von Königin Isabella bis Don Quijote) durch die Altstadt, die Trachten und die feierlichen Reden, die traditionellen Zuckerbrezeln („rosquillas") und der kühle Gerstensaft „cebada", all das sind mittlerweile Randerscheinungen.*

*San Isidro ist heute vor allen Dingen ein **gigantisches Kulturspektakel**, bei dem sich die Madrilenen rund um die Uhr austoben. Ob beim Tanzen auf dem Vistillas-Gelände ❶❺, beim Straßentheater auf den Plätzen der Stadt-*

viertel oder beim Rockkonzert auf dem Unigelände. Von der Stadt finanzierte spanische und ausländische Bands geben ihr Bestes, es gibt Ballett, Konzerte und Opern, die wichtigsten Stierkämpfe des Jahres in der Las-Ventas-Arena ❸❸ sowie Kunstausstellungen. Vieles ist gratis, auch die Eintrittspreise für die großen Shows sind reduziert. Das i-Tüpfelchen ist das zumeist fantastische Maiwetter: warm und nicht zu heiß. Kurz: Besonders zu dieser Zeit lohnt sich ein Madridbesuch!

❯ *Das aktuelle **Programm** mit Terminen und Veranstaltungsorten findet man unter www.esmadrid.com/sanisidro, Hefte liegen in der Touristeninformation (s. S. 111) aus.*

⌂ *Einer der Giganten-Träger mit Schutzengel*

› **Feria de Libros:** Die Buchmesse im Retiro-Park ㉕ bietet internationale Neuheiten, Lexika und Comics sowie Autogrammstunden spanischer Schriftsteller. Diese Mischung aus Volksfest und Literatur ist eine echte Attraktion für Spaziergänger und Bücherfans (www.ferialibromadrid.com).
› **Festimad Sur:** Beliebtes Rockfestival Ende Mai, Anfang Juni in Leganés, 20 km südlich des Zentrums (www.festimad.es).

Juni/Juli

› **Photo España:** Gigantische, mehrwöchige Fotoshow mit über die ganze Stadt verteilten Ausstellungen (www.phe.es).
› **Fiesta de San Antonio de la Florida:** In der gleichnamigen Kapelle im Stadtteil Moncloa bitten Madrileninnen vom 9. bis 13. Juni den heiligen Antonio um einen möglichst adäquaten Ehemann. Dabei werfen sie Stecknadeln ins Taufbecken, halten die Hand hinein, zählen die anhaftenden Nadeln und wissen: So viele Anträge bekomme ich noch ...
› **Orgullo Gay:** Von Ende Juni bis Anfang Juli feiern Schwule und Lesben mit kunterbunten Umzügen und vielen Events. Hochburg ist das Viertel Chueca (www.orgullogaymadrid.com/es).

August

› **Veranos de la Villa:** Das Sommerfest organisiert die Stadt Madrid für Gäste und Daheimgebliebene. Es gibt Theater, Zarzuela, Rock und Klassik zu günstigen Preisen. Das Festprogramm erfährt man beim Infoamt an der Plaza Mayor (s. S. 111) oder im Internet (http://veranosdelavilla.esmadrid.com), einzelne Veranstaltungen finden schon in den beiden Monaten zuvor statt. Bei den Madrilenen sehr beliebt ist auch das **Freiluftkino** im Parque de la Bombilla [bi] mit vielen Streifen in Originalversion (www.fescinal.es).

› **Verbenas de San Cayetano, San Lorenzo y La Paloma:** Die volkstümlichsten aller Stadtteilfeste. In den schmalen Gassen Lavapiés, La Latinas und des Rastros erlebt man an den warmen Augustabenden der zweiten Woche des Monats eine luftige Fiesta im Freien. Prolog der Verbena ist die Wahl der *Maja,* der schönsten Frau von Lavapiés in dem Gebäude Corrala de Mesón de Paredes in der gleichnamigen Straße. Das Straßenfest zieht sich von Tag zu Tag von der Plaza de Cascorro [C5] über die Straßen Argumosa und Santa Isabel in San Lorenzo bis hin zum Garten Las Vistillas [A5] am Platz Gabriel Miró. Auf den Festen sieht man mit Sicherheit Paare, die zum kitschigen Schlager „Madrid, Madrid, Madrid" von Agustin Lara einen Chotis tanzen.

Gesetzliche Feiertage

Neben diesen landesweiten Feiertagen feiert Madrid am 15. Mai seinen **Stadtpatron San Isidro.** Die großen Läden haben an diesem Tag trotzdem auf.
› 1.1.: **año nuevo,** Neujahr
› 6.1.: **reyes magos,** Dreikönigstag
› 1.5.: **fiesta del trabajo,** Tag der Arbeit
› 25.7.: **santiago,** Fest des hl. Jakobus
› 15.8.: **asunción de la virgen,** Mariä Himmelfahrt
› 12.10.: **día de la hispanidad,** Entdeckung Amerikas
› 1.11.: **todos los santos,** Allerheiligen
› 6.12.: **día de la constitución,** Tag der Verfassung
› 8.12.: **inmaculada concepción,** Mariä Empfängnis
› 25.12.: **navidad,** Weihnachten

› Bewegliche Feiertage: **jueves santo** (Gründonnerstag) und **viernes santo** (Karfreitag).

September/Oktober

> **Festival de Otoño:** Beim Herbstfest treten berühmte internationale Tanz-, Musik-, Ballett- und Theaterensembles auf (www.madrid.org/fo).

> **Noche en Blanco:** Während der „Weißen Nacht", der kürzesten im Monat, bleiben viele Bars und kulturelle Einrichtungen rund um die Uhr geöffnet und auf den Straßen geht die Post ab (http://lanocheenblanco.esmadrid.com).

November

> Am 9. November feiert Madrid mit Umzügen und Kulturevents **Almudena** – zu Ehren der Schutzheiligen der Stadt.

> **Festival International de Jazz:** Wichtige Jazzmusiker geben Madrid die Ehre (www.madridjazzfestival.es).

Dezember

> Ein großer **Weihnachtsmarkt** wird jedes Jahr im Dezember auf der Plaza Mayor ❺ organisiert. Weihnachtliche Stimmung zwischen Tannenzweigen, bunten Christbaumkugeln und Plastikspielzeug ist garantiert.

> Am **24. Dezember** feiert man Heiligabend eher ausgelassen mit Tanz und Musik. Bescherung und Besinnlichkeit gibt es erst am Dreikönigstag.

> Die **klassische Ballettzeit** dauert von Dezember bis Januar. Über das aktuelle Programm informiert das Tourismusamt an der Plaza Mayor (s. S. 111).

Madrid für Citybummler

Zu Fuß

Madrid hat schöne Aussichtsterrassen und hohe Türme, neuerdings auch am Stadtfluss Manzanares (s. S. 56). Besonders attraktiv aber ist die **Seilbahn Teleférico** (s. S. 113) (www.teleferico.com) am Paseo del Pintor Rosales (Metro: Argüelles), die mitten über den Park Casa del Campo [ai] mit seinen Spazierwegen schwebt und einen guten Blick auf das Königsschloss bietet. Und im Zentrum gibt es **Terrassen mit besonders schönem Ausblick** auf die Dächer der Großstadt: jene des Gaudeamus-Cafés (s. S. 33) in Lavapiés und nachts die Terrasse The Penthouse (s. S. 33) an der Plaza Santa Ana. Klasse ist auch der Blick auf Königspalast und Kathedrale von der ebenerdigen Terrasse Las Vistillas ❶❺ aus. Die höchste Aussichtsplattform, weit im Norden der Stadt gelegen, bietet aber das Edelrestaurant Volvoreta (s. S. 39).

In Madrid macht es Spaß, **sich einfach treiben zu lassen,** vor allem im monumentalen Stadtgebiet rund um die Plaza Mayor ❺ Richtung Königspalast ❾ oder in die andere Richtung durch das lebhafte Stadtviertel Huertas (s. S. 90) zum Paseo del Prado [F3–5] mit seinen Museen und dem nahen Atocha-Bahnhof ㉖.

Schöne Citybummlerareale sind auch das Stadtviertel Chueca (s. S. 102) mit den vielen flippigen Designerläden, der monumentale Boulevard Gran Vía (s. S. 86) und La Latina (s. S. 87), das aufgrund der einladenden Tavernen an der Straße Cava Baja [B5] lockt. Die schönen Fassa-

Madrid im Film

*Wer in Madrid spazieren geht, kommt früher oder später an einem Filmteam vorbei, an Beleuchtern und Absperrungen. Oft sind gerade Werbefachleute in Aktion und bringen Markenprodukte in Szene. Doch mit etwas Glück sieht man eine „Chica Almodóvar", wie die Schauspielerinnen des berühmten spanischen Regisseurs **Pedro Almodóvar** heißen, und es wird gerade eine Szene für einen neuen Kultfilm gedreht. Regisseur Carlos Saura ließ in „Taxi" die junge Schauspielerin Ingrid Rubio verängstigt durch den Retiro-Park* ㉕ *rennen, mit dem beleuchteten Glaspalast im Hintergrund. Pedro Almodóvar setzte seine Dragqueen in „High Heels" in der Kultbar Villa Rosa in Szene und für „Kika" drehte er mit Schauspielerin Victoria Abril im wunderbaren Café de Bellas Artes (s. S. 76). Im „Tag der Bestie" von Alex de la Iglesia verflucht ein Pfarrer den schiefen Doppelturm Puerta de Europa [cg] und in dem Thriller „Öffne die Augen" von Alejandro Amenábar*

dient die kalte Architektur der Universität Complutense als Szenerie.

Weniger bekannt sind die folgenden beiden Filme, die Madrid dafür aber besonders gut in Szene setzen:

❯ *Allein unter Nachbarn (La Comunidad): Gruselgroteske über eine geldgeile, mordlüsterne Hausgemeinschaft, die einer Lottogewinnerin an den Kragen will. Gedreht u. a. über den Dächern des zentralen Boulevards Gran Vía (s. S. 86). Regie: Alex de la Iglesia, Spanien 2003. Mit der brillant spielenden Carmen Maura in der Hauptrolle*

❯ *Der Fremde im Park (La flaqueza del Bolchevique). Banker in den Dreißigern verfällt einer 14-Jährigen. Schauplätze sind die Banktürme auf der mehrspurigen Castellana und der Park hinterm Königsschloss* ❾ *. Regie: Manuel Martín Cuenca, Spanien 2003. María Valverde bekam den Goya-Filmpreis als beste Nachwuchsdarstellerin.*

den der Cava Baja wurden schon oft für historische Filmaufnahmen benutzt.

Ein **Nachtspaziergang** ist vor allem rund um die Plaza Santa Ana ⓱ im Stadtteil Huertas ein Erlebnis und sonntagvormittags der Spaziergang über den quirligen **Rastro-Flohmarkt** (s. S. 23). Um sich zwischendurch auch einmal auszuruhen, bietet sich eines der vielen Cafés der Metropole an (s. S. 32) und zum größeren **Entspannen** ist insbesondere der weitflächige und grüne **Retiro-Park** ㉕ geeignet.

Per Touristenbus

Very british wirken die zahlreichen **roten Doppeldeckerbusse** mit der Aufschrift „Madrid City Tour", die verschiedene Routen fahren: durch das historische, das moderne und das monumentale Madrid. Lohnend sind die Touristenbusse vor allem **für einen ersten Eindruck,** den man zu Fuß so schnell nicht bekäme.

❯ www.madridcitytour.es

Man kann **beliebig zu- und aussteigen** und erhält ein Bonusheft für den er-

005md Abb.: tb

EXTRATIPP

Madrid Card

Bei den Infobüros (s. S. 111) erhält man die kreditkartengroße Madrid Card. Sie ist nicht gerade billig, erlaubt aber den freien Besuch der **50 wichtigsten Museen** und freie Fahrt in den Doppeldecker-Bussen. Lohnend ist sie vor allem, wenn man die Sightseeing-Busse nutzen will und eine Besichtigungstour durch das sonst teure Bernabéu-Fußballstadion 32 und das Wachsfigurenkabinett (s. S. 53) plant. Außerdem gibt es Preisnachlässe in einigen Läden und Discos. Eine Dreitageskarte beispielsweise kostet für Erwachsene rund 65 €, für Kinder rund 35 €. Tageskarten sind entsprechend günstiger. Bei Onlinekauf Rabatt:

❯ www.madridcard.com

Madrid für Kauflustige

Zum Shoppen bietet Madrid Vielfalt pur. Das Stadtviertel Chueca wartet mit witzigen Designerläden auf, die lang gezogene Straße Gran Vía bietet Schuh- und Modegeschäfte, während rund um die Puerta del Sol große Einkaufszentren wie Corte Inglés liegen, in denen man so ziemlich alles bekommt.

mäßigten Eintritt in Museen. Vom offenen Obergeschoss lässt sich zudem manch gute Aufnahme machen. Das Busticket inklusive Plan und Bonusheft kostet für einen Tag rund 20 €, Jugendliche bis 16 und Lebenserfahrene ab 65 Jahre zahlen rund die Hälfte, Kinder unter 8 Jahren gar nichts. Ohne Zwischenausstieg ist man beispielsweise auf der historischen Route – vorbei an der Oper 11, dem Prado-Museum 22 und dem berühmten Stadttor Puerta de Alcalá (s. S. 94) – gut 75 Minuten unterwegs. Was man während einer Bustour auch kennenlernt, ist Madrids Verkehr am Rande des Kollapses, den die Busse aber ganz gut meistern.

Im Sommer geht man am besten zwischen 10 und 12 Uhr und dann wieder ab 18 Uhr shoppen, weil einem ansonsten die Hitze zu schaffen macht. In der Regel sind die Geschäfte werktags und an Samstagen zwischen 9 und 14 Uhr bzw. zwischen 17 und 20 Uhr geöffnet, Lebensmittelläden schließen vielfach am Samstagnachmittag.

Teuer und edel sind die Modeläden rund um die Calle de Serrano [G1/2] im Viertel Salamanca ③. **Antiquitäten** findet man in der Calle del Prado [E4] im Stadtviertel Huertas: alte Waffen, schmiedeeiserne Lampen, Holzkohlebecken, Hebelwaagen, gediegenes Mobiliar, Bilder und Keramik. **Handwerkskunst** ist von jeher um die Plaza Mayor ⑤ angesiedelt. In den Straßen Mayor und Arenal [B/C4] liegen die **Stoff-, Schmuck- und Uhrengeschäfte** dicht gesäumt von Briefmarken- und Münzläden, die sonntags ihre Produkte auf die Plaza Mayor verlagern. Zur gleichen Stunde stellen ganz in der Nähe junge Künstler auf der Plaza Conde de Barajas ihre Gemälde und anderen Kreationen aus.

Wer etwas **Typisches aus Madrid** mitbringen will, muss nicht unbedingt auf Plastik-Don-Quijotes, bunte Stierkampfplakate, schlecht gearbeitete Kastagnetten oder Aschenbecher mit Miró-Motiv aus den Souvenirläden an der Plaza Mayor oder am Paseo del Prado zurückgreifen. Wie wäre es mit einer **Paella-Pfanne,** die man in jedem Kaufhaus günstig bekommt? Und, damit die gelbe Färbung der spanischen Paella auch wirklich gelingt, dazu noch etwas Safran *(azafrán),* der in Spanien relativ günstig ist? Oder vielleicht eine **Flamenco-CD** von Paco de Lucía aus einem der vielen Musikläden auf der Gran Vía oder der Calle Mayor? Oder zum Beispiel

ein *Licor de Madroños,* einem authentischen **Madrider Likör?**

Wer den Einkaufsbummel noch bis in die frühen Morgenstunden fortsetzen will, kann bis nachts um drei auch am Wochenende in den **Selbstbedienungsläden** mit der Aufschrift **Vips** (s. S. 26) vorbeischauen, Treffpunkt für Leute jeden Alters, die hier zwischen CDs und Büchern stöbern, die letzten Lebensmittel einkaufen oder sich einfach in den angegliederten Restaurant-Cafés treffen.

Einkaufstipps

Bücher

Fans alter Bücher treffen sich in der Straße Claudio Moyano [F/G5] (Metro: Atocha). Besonders sonntags dehnt sich hier der Handel der kleinen Holzbuden zu einer Art Bücherflohmarkt aus (tgl. 10.30–14.30 Uhr).

🔒1 [D3] **Casa del Libro,** Gran Vía 29. Madrids größter Buchladen, der auch umfangreiche Literatur in Fremdsprachen führt, www.casadellibro.com.

🔒2 [B6] **El Aventurero,** Toledo 15–17. Comics, Comics, Comics – in diversen Sprachen, auch wertvolle Einzelstücke.

🔒3 [E5] **Filmoteca,** Calle Santa Isabel 3, Di–So 17–22 Uhr. Der Buchladen im Kino Filmoteca Española verfügt über ein großes Angebot an Büchern zum Thema Film.

🔒4 [E2] **Librería Antonio Machado,** Calle Fernando VI 17. Besonders angesehene Buchhandlung für spanische Literatur.

Shoppingareale

Die wichtigsten Shoppingbereiche der Stadt sind im Kartenmaterial mit einer rötlichen Fläche markiert.

◁ *Der Touristenbus startet u. a. an der Puerta del Sol* ❶

LITERATURTIPP ### Kunstbücher

Der **Museumsshop des Reina Sofía** ⑲ überzeugt durch eine gute Auswahl an Kunstbüchern. Hier findet man Ausstellungskataloge, Bildbände und Bücher zu Malerei, Theater, Film und Architektur.

Madrid für Kauflustige

5 [C4] **Librería de Mujeres,** Calle de San Cristóbal 17, nahe der Plaza Mayor. Hier findet man Frauenliteratur und Infos zur spanischen Frauenbewegung.

6 [B4] **Librería Jiménez,** Calle Mayor 66. Gute Auswahl antiker Bücher besonders zur Stadtgeschichte, alte Stiche und Stadtpläne, www.libreriajimenez.com.

Delikatessen

7 [C5] **Aceitunas Jiménez,** Plaza General Vara del Rey 14. Mitten auf dem Rastro in einer Seitenstraße der Plaza General Vara del Rey liegt dieser authentische kleine Olivenladen, eine Art *Tía-Carmen-Tienda* (Tante-Emma-Laden) mit überschaubarem Sortiment. Vor allem an Sonntagen ist der Laden voll.

8 [D4] **Antigua Pastelería del Pozo,** del Pozo 8, nahe Puerta del Sol, Mo und So.nachmittag geschlossen. In der wohl ältesten Bäckerei der Stadt werden seit 1830 süße Leckereien verkauft.

9 [E4] **Casa Mira,** San Jerónimo 30. Aus dem riesigem Angebot stechen die *Turrones* als Süßigkeit aus Honig, Eiweiß und Mandeln heraus. Diese traditionelle Weihnachtsdelikatesse wird hier schon seit 1841 verkauft.

10 [D4] **Museo del Jamón,** San Jerónimo 6, nahe der Puerta del Sol. Alle Sorten luftgetrockneten Schinkens bekommt man in diesem „Schinkenmuseum".

11 [E1] **Patrimonio Comunal Olivarero,** Mejía Lequerica 1. Hier gibt es die ganze Vielfalt und Essenz spanischer Olivenöle aus allen Regionen des Landes, www.pco.es.

Geschenke

12 [C5] **Caramelos Paco,** Toledo 55. Bonbons bis an die Decke, ein bunteres Schaufenster gibt es in ganz Madrid nicht.

13 [D3] **Casa Batán,** Salud 15. Kleine Porzellanschälchen, auf denen traditio-

Jamón, Jamón

*Dass der Geschmack von Schinken etwas sehr Sinnliches hat, wissen die Spanier nicht erst seit dem Film „Jamón, Jamón" mit Penélope Cruz und Javier Bardem. Sie **kultivieren ihre Keulen,** in jeder Haushaltsküche findet sich eine solche samt Halterung und langem Fachmesser. In nahezu jeder Bar schneiden Kellner die Scheiben so hauchdünn, dass man dabei das Messer durchschimmern sieht. Und es gibt kaum ein Thema, über das die Madrilenen so gerne reden, wie über den „sabor" (Geschmack) ihres Lieblingsschinkens: „Ay, que sabor."*

*Schon beim Anblick der schwarzen **Ferkel zwischen den Korkeichen der Extremadura** und im Hochland An-*

*dalusiens bekommen sie richtig Appetit. Dort kommen die besten Schinken her, denn die Schweine leben im Freien und ernähren sich vorzugsweise von Eicheln („bellotas"). Die Keulen werden später in Salz eingelegt und reifen danach bis zu zwei Jahre. In den Madrider Bars bekommt man vor allem den auch in Mitteleuropa bekannten Serrano-Schinken, der schon sehr gut ist. Bietet man Ihnen aber im Museo de Jamón einen **„Jamón Ibérico Gran Reserva de Bellota"** an, ist das der beste Schinken des Landes. Sauteuer, aber fantastisch im Geschmack. (Eine komplette, 7 Kilo schwere Pata-Negra-Keule kann gut und gerne 600 Euro kosten.)*

017md Abb.: tb

EXTRATIPP

Plätzchen von den Nonnen

Im **Konvent Corpus Cristi** an der Plaza del Conde de Miranda wird gebacken. Die leckeren Plätzchen stellen Nonnen her, die komplett von der Außenwelt abgeschieden sind. Zwischen 9.30 und 13 oder 16 und 18.30 Uhr am Schild an der Straße Calle del Codo klingeln. Ertönt ein „Ave María puríssima" aus dem Lautsprecher, sagt man am besten „dulces, por favor" („Plätzchen, bitte"). Dann surrt die Tür, es geht einen kleinen Gang hinein und die *dulces* werden durch eine rotierende Theke gereicht. Nicht teuer, sehr lecker – und außerdem viel kultiger als Shoppen im Corte Inglés (s. S. 22).

🛍18 [B4] **Konvent Corpus Cristi,** Plaza del Conde de Miranda 3

nell Tapas serviert werden, und sonstiges Geschirr stapeln sich in diesem steinalten Laden.

🛍14 [D3] **Casa de Diego,** Puerta del Sol 12. Renommiertester Laden für Fächer *(abanicos),* gegründet 1858. Handgemacht, sehr haltbar und vor allem echt.

🛍15 [B2] **Jabonarte,** Gran Vía 67. Hier riecht es nach Aloe Vera, Pinie und Pfirsich, Zimt, Vanille und Kokosnuss. In der „Seifenkunst" kann man Duft, Form und Gewicht aussuchen und sich das Seifenstück geschmackvoll einpacken lassen.

🛍16 [D4] **La Violeta,** Plaza de Canalejas 6. Die in kleine, violett-weiße Kartons eingepackten Veilchenbonbons sind ein Geschenkhit unter Madrilenen – beliebtes, fast schon etwas spießiges Mitbringsel beispielsweise für die Tante aus Alicante.

🛍17 [D3] **Xana,** Desengaño 16, http://talismaniabyxana.com. Schmuckunikate aus Keramik und Glas, bei deren Herstellung man sogar zusehen kann.

△ *Im Fanshop der einstigen „Galaktischen" (Real Madrid)*

EXTRATIPP

Fanshop der Galaktischen

In der Tienda de Real Madrid geht alles mit entsprechendem Vereinslogo über den Ladentisch: Poster, Fußballtrikots, Käppis und Uhren – nicht gerade zu Schnäppchenpreisen. Vom Laden aus blickt man direkt in das Stadion Santiago Bernabéu **32**.

🛍19 [cg] **Tienda de Real Madrid,** Avenida de Concha Espina 1, Metro: Santiago Bernabéu, tgl. bis mind. 20 Uhr geöffnet. Im Zentrum gibt es nahe der Puerta del Sol in der Calle del Carmen 3 eine weitere Filiale.

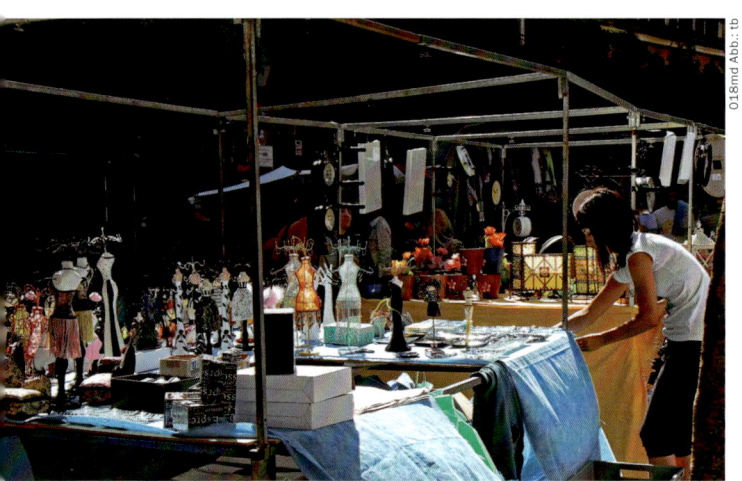

018md Abb.: tb

Kaufhäuser

🔴**20** [ci] **ABC Serrano,** Serrano 61/Castellana 34, Mo–Sa 10–21 Uhr. 80 Läden mit einheimischer und internationaler Mode in einem alten Ziegelsteinbau mit andalusischem Flair. Die Terrasse im 4. Stock bietet einen schönen Ausblick auf die Hochhäuser der Castellana.

🔴**21** [C3] **Corte Inglés,** Plaza de Callao 2, Mo–Sa 10–22 Uhr. Die gigantische Kaufhauskette bietet eine riesige Auswahl und gute Qualität, ist jedoch nicht gerade billig. Erstklassig ist der Supermarkt im Untergeschoss mit einer breiten Auswahl von Schinkenkeulen über frische Meeresfrüchte bis zu Weinen und spanischen Cognacs.

🔴**22** [C3] **FNAC,** Preciados 28, Mo–Sa 10–22 Uhr. Im FNAC an der Metrostation Callao gibt es eine beachtliche Auswahl an Büchern, Elektronika und vor allem CDs. An über zwei Dutzend CD-Säulen kann man in den aktuellen Sound spanischer Bands reinhören, ob Melendi, Alejandro Sanz, Amaral oder Estopa. Der Verkauf hier leidet etwas, denn die Raubkopien auf der Straße kosten nur 3 €. Im FNAC bekommt man auch **Konzertkarten.**

Märkte und Markthallen

In jedem Stadtteil ist täglich Markt. Ein Spaziergang durch diese Markthallen gewährt einen lebhaften **Einblick in spanische Essgewohnheiten.** Es gibt frischen Fisch, Käse, Hühner, alle spanischen Zitrusfrüchte und selbstverständlich mindestens eine Bar.

🔴**23** [E5] **Antón Martín,** Santa Isabel 5, Metro: Antón Martín. Die unscheinbaren Eingänge und kleinen Fenster des mehrstöckigen Gebäudes nahe dem Kino Cine Doré lassen von außen nicht erahnen, dass sich im Innern auf mehreren Stockwerken die Lebensmittel nur so türmen. Eine der authentischen Markthallen der Stadt.

🔴**24** [B2] **Los Mostenses,** Plaza de los Mostenses, nahe Plaza de España. In die Markthalle kommt vor allem die Expat-Gemeinschaft aus Lateinamerika. Fisch und Früchte sind vergleichsweise günstig und es gibt auch ein paar Produkte aus Chile, Mexiko und Argentinien.

🔴**25** [C1] **Mercadillo Dos de Mayo,** Malasaña, Metro: Tribunal. Das ganze Jahr über findet samstags auf der Plaza del Dos de Mayo ein kleiner Antiquitätenmarkt statt, bei dem es viel ruhiger zugeht als auf dem Rastro am Sonntag. Die Stände führen keinen Ramsch, sondern guten Schmuck, alte Bücher, Spielzeug und vieles mehr.

7 [B4] **Mercado San Miguel,** Plaza de San Miguel, nahe der Plaza Mayor, So–Mi 10–22, Do–Sa 10–2 Uhr. Die einzig verbliebene gusseiserne Markthalle der Stadt aus dem Jahr 1916 ist die schönste und fotogenste weit und breit. Der frühere Alltagsmarkt ist heute ein Gourmettempel mit 34 Ständen, an denen es Austern, Champagner, Kochbücher, Brot und Seeteufel (für höllische 24 € das Kilo) gibt. Authentisches aus Madrid gibt es hier leider nicht mehr, dafür aber in den umliegenden Tavernen.

26 [C6] **Rastro-Flohmarkt,** Rastro-Viertel, Metro: La Latina. Jeden Sonntagvormittag findet auf dem Rastro rund um die Straße Ribera de Curtidores der größte Flohmarkt Madrids statt (s. S. 88). Auch sonst lohnt der Besuch, etwa was Antiquitäten betrifft. Gute finden sich dort u. a. im Innenhof der Straße Ribera de Curtidores 12.

Mode

Das **Stadtviertel Salamanca** **31** (Metro: Serrano) ist das **Modezentrum Madrids.** Viele der internationalen Modemacher verkaufen in den Straßen Serrano, Ortega y Gasset und Claudio Coello ihre exklusiven Schöpfungen. Lokale Designer haben ihre Geschäfte dagegen im **Stadtviertel Chueca** (s. S. 102). Wer dort in den Straßen Conde Xiquena, Prim und Almirante bummelt, entdeckt die eine oder andere Boutique mit extravaganter Mode zu bezahlbareren Preisen.

27 [G1] **Agatha Ruiz de la Prada,** Serrano 27, www.agatharuizdelaprada. com, im Modeviertel Salamanca gelegen. Farbenfroh und erfrischend ist das

Design für Frauen und Kinder. Schon ihre Homepage ist so stylisch, dass man sich nicht wundert, dass die Frau eine Ikone der spanischen Mode ist. Und selbstverständlich stellt sie ihre Kreationen regelmäßig auf der Madrider Modewoche im Februar und September aus, Blitzlichtgewitter garantiert.

28 [H1] **Amaya Arzuaga,** Lagasca 50, Metro: Velázquez, www.amayaarzuaga. com. Amaya Arzuaga gehört zu Spaniens Top-Designerinnen für junge, freche und sexy Mode.

29 [D3] **Bershka,** Gran Vía 25, www.bershka.com. Bershka bietet jungen Frauen und Männern tolle Mode zu kleinen Preisen an, natürlich auch in Madrid.

› **Casa de Diego** (s. S. 21). Spießige Spazierstöcke mit Stierkopfknauf, praktische Regenschirme in Übergröße und vor allem traditionelle Fächer *(abanicos)* gehen hier seit 1858 über den Ladentisch.

30 [D4] **Capas Seseña,** Calle de la Cruz 23, Metro: Sol, www.sesena.com. Seit mehr als 100 Jahren verkauft die Casa hier selbst hergestellte Capas. Die Kampftücher der Stierkämpfer dienen als Mantelumhänge und es gibt sie in verschiedenen Modellen, Größen und Farben. Spanier lieben den einzigartigen Laden, aber auch Hillary Clinton war schon da. Preis pro Stück ab rund 300 €.

31 [C4] **Casa Yustes,** Plaza Mayor s/n. Reichhaltiges Sortiment an Kopfbedeckungen von der Baskenmütze bis zum Sonnenhut.

◁ Auf dem Rastro-Flohmarkt ist das Angebot schier grenzenlos

015md Abb.: tb

🛍32 [D3] **Cortefiel**, Gran Vía 27, Metro: Gran Vía. Mode mehrerer Modeschöpfer für sie und ihn. Zu ihnen gehört der Galicier Adolfo Domínguez, der nach dem Motto „Die Falte ist schön" die schlichte Eleganz weiblicher Abendkleider bevorzugt. Nicht ganz preiswert.

🛍33 [D2] **Mercado Fuencarral**, Fuencarral 46, Metro: Tribunal oder Gran Vía, www.mdf.es. In diesem mehrstöckigen Gebäude aus Stahl, Ziegeln und Beton wird eine ganze Menge geboten: ob Piercingstudio, Internetcafé, Hip-Hop- und Geschenkeladen, Frisör oder Konzertraum, alles ist hier vorhanden. Besonders beliebt sind hier aber die preiswerten Modeläden mit ihren erfrischend stylischen Klamotten. Der Mercado hat momentan leider einige Lizenzprobleme, steht aber noch nicht vor dem Aus.

🛍34 [H2] **Sybilla**, Callejón de Jorge Juan 12, Metro: Retiro. Feminine Mode, die bereits auf der Leinwand brillierte: Die gebürtige Amerikanerin hat Pedro Almo-dóvars wilde Schauspielerinnen mit Kostümen und Taschen eingekleidet. Mittelpreisig bis teuer.

🛍35 [D4] **Zara**, Carretas 6 (auch Preciados 14, beide Metro: Sol). Amancio Ortega lässt in der nordwestspanischen Hafenstadt La Coruña hippe Mode für beide Geschlechter designen. Inzwischen hat der einstige Hemdenverkäufer über 24.000 Angestellte in über 33 Ländern unter Vertrag. Der „Hosenkavalier" lockt ein junges Publikum mit geschmackvoller, immer neuer Ware zu niedrigen Preisen. Schuhe, Taschen, Krawatten, Abendkleider, Herrenanzüge, bunte Jugendfashion. Ortega arbeitet heute noch – aber nur noch im Hintergrund.

Schuhe

🛍36 [C2] **Camper**, Gran Vía 54, www.camper.es. Legere, bequeme, sportliche und ausgesprochen angesagte Schuhmode des Labels aus Mallorca.

△ *Modedesign von Agatha Ruiz de la Prada (s. S. 23)*

▷ *Beim Capa-Schneider im Laden Capas Seseña (s. S. 23)*

016md Abb.: tb

🔖**37** [H2] **Sara Navarro**, Jorge Juan 22, Metro: Velázquez, www.saranavarro.com. Die Designerin Sara Navarro kreiert sehr hochwertige Schuhe, für die betuchte Spanierinnen gerne schon mal etwas mehr zahlen. Daneben findet man hier auch schöne Taschen und Gürtel.

Schuhputzer José

Über 100 Schuhputzer sind im Madrider Zentrum im Einsatz, manche aus Lateinamerika, andere aus den ärmeren Regionen Spaniens. Sie haben gut zu tun, denn saubere Schuhe sind in Madrid ein Zeichen von Stil. Das sollte auch bedenken, wer mit Sandalen und weißen Socken unterwegs ist: Dies kommt gar nicht gut an!

Die Schuhputzer bekommen von der Stadtverwaltung eine Arbeitsgenehmigung und sind oft direkt **neben den Zeitungskiosken postiert.** *Sie sitzen meist zwischen 9 und 15 Uhr auf gepolsterten Holzschemeln, Tuben und Bürsten neben sich, und verdienen kaum 50 € pro Schicht. Dabei wienern und polieren sie je nach Wetterlage bis zu 25 Paar Schuhe.*

Auch José gehört zu ihnen. Der 58-Jährige versorgt vor allem Geschäftsleute mittleren Alters auf dem Weg zur Arbeit und obwohl er keine richtige Schulausbildung hat, ist er ein gewiefter Erzähler und kennt sich vor allem mit Wirtschafts- und Fußballthemen gut aus. „Nein", sagt er, „die gucken nicht auf mich herab, auch wenn ich zu ihren Füßen sitze, die behandeln mich fair." Er braucht kaum fünf Minuten und meine Schuhe blitzen wieder. Ob ich ein Foto von ihm machen darf? Lieber nicht. Aber ich solle ihm doch beim nächsten Mal Fotos aus meinem Land zeigen. Denn da dort keine Schuhputzer arbeiten würden, wie ich erzählt habe, sei ja kaum auszudenken, wie wir so rumlaufen. Schlagfertig ist er also auch.

Musik und Instrumente

Viele Musikgeschäfte und Gitarrenbauer finden sich rund um den Platz Isabel II [B3] an der Metrostation Ópera am Teatro Real.

🏠 **38** [C4] **Guitarras Ramírez,** Paz 8, Tel. 915314229, www.guitarrasramirez. com. Kaum ein Gitarrenbauer Spaniens ist so berühmt wie dieser. Seit Generationen werden hier die Instrumente von Profis gebaut.

🏠 **39** [C3] **La Metralleta,** Plaza de las Descalzas s/n. In der Einkaufspassage der Tiefgarage Descalzas gibt es neben neuen CDs vor allem Secondhand-Scheiben in großer Auswahl zu sehr guten Preisen, daneben Verkauf von DVDs.

🏠 **40** [D3] **Madrid Rock,** Gran Vía 25. Spezialisiert auf spanischen und internationalen Rock und Jazz, Rumba und Flamenco.

Nachts und am Wochenende

🏠 **41** [C3] **Vips,** Gran Vía 43, tgl. 9–3 Uhr. Selbstbedienungsladen mit großem Angebot an Lebensmitteln, Zeitungen und Zeitschriften, Büchern, Schallplatten und Geschenkartikeln. Angegliedert sind Schnellrestaurants mit erstaunlich guten Tellergerichten zu vernünftigen Preisen. Hier bekommt man auch frühmorgens noch etwas Warmes zu essen.

Madrid für Genießer

Essen und Trinken

Vielfalt der Gerichte

Madrid vereint die besten Speisen und Getränke aus allen Regionen des Landes. Auch die internationale Küche ist in Spaniens Hauptstadt gut vertreten.

Das **Essengehen hat lange Tradition** und wird sehr ernst genommen. Politische Entscheidungen fallen

KURZ & KNAPP

menú del día
Das Mittagsmenü ab 14 Uhr gibt es in einfachen Restaurants schon für 12 bis 15 € und auch in teureren Restaurants meist für unter 25 €. Es besteht aus drei Gängen plus Getränk.

nicht selten bei Spanferkel mit Trüffeln. Schon unter Franco konspirierte man beim Abendessen gegen die Diktatur und ein Kenner der Stadt erzählte, die brutale Polizei habe manchmal respektvoll bis nach dem Dessert gewartet, um erst anschließend die Gesellschaft geschlossen abzuführen.

Vielfalt ist Trumpf. Galicische, baskische, katalanische, kanarische, asturische und andalusische Köche bieten die unterschiedlichsten Spezialitäten an, vom einfachen *menú del día* bis zur baskischen Edelküche.

In Madrid ist der *caldo gallego* beliebt, eine deftige Gemüsesuppe aus Galicien, genauso wie die baskische Fischspezialität Seehecht *(merluza a la vasca),* valencianische *Paella* oder im Sommer erfrischend-kalte andalusische Gazpacho-Suppe, zubereitet mit Essig, Gemüse und Brotkrumen. Wie überall in Spanien gibt es das Kartoffelomelett *tortilla* in allen Variationen, die, wie viele Mahlzeiten, mit sehr viel Öl zubereitet werden.

Obwohl Madrid 350 km von Valencia am Mittelmeer und 400 km vom atlantischen Santander entfernt ist, bestimmen doch **Fisch und Meeresfrüchte** eindeutig die Speisekarten. Spanien besitzt die mit Abstand größte Fischfangflotte der EU und Madrid ist kurioserweise der wichtigste „Seehafen" des Landes. Fisch ist in der Hauptstadt überall preiswert, frisch und in hervorragender Qualität zu haben. Das Beste, was spani-

sche Fischer in die Netze bekommen, wird nach Madrid geliefert, Flugzeuge transportieren die Ware Tag und Nacht von den Küsten in die Hauptstadt. Das Luxusrestaurant La Dorada (Calle de Orense 64) geht noch einen Frische-Schritt weiter und fliegt das Meeresgetier mit einem eigenen Kleinjet ein, um es so schnell wie möglich anbieten zu können. Ein Menü kostet dann auch über 80 €.

Wer in Madrid selber kochen kann, sollte sich in einem der vielen **Märkte** (s. S. 22) versorgen, was so vielfältig, frisch und billig bei uns einfach nicht zu haben ist.

Kastiliens Küche ist durch mehrere Spezialitäten berühmt. Köstlich ist der *besugo al horno,* im Backofen gegarte Meerbrasse mit Weißweinsoße. Wildbret aus den umliegenden Wäldern kommt täglich genauso nach Madrid wie frische Forellen aus hoch gelegenen Bergbächen bei Segovia, Soria und Burgos. Hervorragend sind die **Lammgerichte**, beispielsweise der Lammbraten *(cordero asado)*

oder die auf offenem Feuer gegrillten Lammkoteletts *(chuletas de cordero).* Aus dem nördlichen Segovia stammen *cochinillos,* junge **Spanferkel**, die man in vielen Restaurants in den Schaufenstern sieht. Die erst wenige Wochen alten Ferkel werden ausgenommen und in der Mitte auseinander geschnitten. Man brät sie in tönernen Pfannen, in denen sie auch serviert werden.

Südlich der Hauptstadt, etwa in Toledo, versteht man sich auf die Zubereitung von Wachteln und Rebhühnern. Aus kastilischen Bergen kommen auch köstliche salamiartige, scharfe **Paprikawürste** *(chorizos)* und ausgezeichnete Schinken. Dabei ist der kastilische **Schinken**

△ *Taverne in Lavapiés*

(besonders der *jamón serrano*) eher mild. In vielen Bars und Kneipen dekorieren Schinkenkeulen die Wände von oben bis unten (s. S. 20). Der beste **Käse** der Region ist der würzige *queso manchego* aus Schaf- und Kuhmilch der Mancha.

Bekannt ist die kastilische Küche schließlich auch für ihre **deftigen Eintöpfe und Suppen** wie etwa die *sopa de ajo,* die aus Brotresten, Schweineschmalz und Knoblauch zubereitet wird. Die nahrhafte *sopa castellana* ist eine überbackene Knoblauch- und Gemüsesuppe, über die kurz vor dem Servieren ein rohes Ei geschlagen wird.

Und dann gibt es natürlich noch **typisch madrilenische Mahlzeiten.** Zitat aus einem alten Rezept: „Man nehme ein halbes Kilo Rindermaul, ein Kilo Innereien vom Rind und wasche sie. Vor dem Kochen reibe man sie dann kräftig mit Essig und Zitrone ein, so als ob man Wäsche waschen würde". Was sich so derb liest, sind Kutteln nach Madrider Art *(callos a la madrileña).* Man findet die *callos* in vielen Restaurants, für manche Madrider ein Leibgericht, doch andere finden den dampfenden Inhalt der Schüssel reichlich ungenießbar. Schmackhafter und empfehlenswerter ist der **cocido,** ein ebenfalls typisch madrilenischer Eintopf. Das einfache Gericht, das schon 1599 zum ersten Mal in einem Kochbuch auftauchte, besteht aus Kichererbsen, die mindestens zehn Stunden in Wasser aufquellen, bevor sie zusammen mit Rindfleisch, Knochen, Speck und Wurstresten vor sich hin köcheln. Gleichzeitig wird in einem zweiten Topf Weißkohl gegart. Der erste Gang des *cocido* ist eine Suppe aus Nudeln und der Brühe, in der die Kichererbsen und das Fleisch gekocht wurden. Als zweiten Teller bekommt man dann die Kichererbsen mit dem Kohl und als dritten das Rindfleisch serviert. Dazu gibt es Salat, Brot und einen Landwein oder – wie in vielen Familien oder Restaurants üblich – einfach Leitungswasser. Von jeher ist es die Speise einfacher Leute und heute wird sie noch immer eher in den Arbeitersiedlungen wie Carabanchel oder Vallecas zubereitet. In letzter Zeit aber wird selbst der Wert von Nobelrestaurants am *cocido* gemessen, wo die Schickeria etwa im Lhardy (s. S. 39) über 30 € für das traditionelle Mahl hinblättert.

Dort wie auch in allen Madrider Restaurants darf auch der **Nachtisch** nicht fehlen. Die Palette reicht vom einfachen *flan* aus Eiern mit Karamell bis hin zu raffinierten Delikatessen wie Marzipan aus Toledo, Mandelkuchen aus Santiago de Compostela, kandiertem Eidotter *(yema)* aus Kastilien oder dem sehr süßen *turrón* aus Alicante, der aus Mandeln, Honig und Eiweiß besteht.

Getränke

Zum Essen wie an der Theke wird in Spanien vor allem Wein getrunken. Manche bestellen auch einfach ein Glas Leitungswasser („agua del grifo"), das man überall umsonst bekommt. Im Weinland Spanien wird Bier jedoch immer beliebter.

Das **Bier** *(cerveza)* wird als *caña* (kleines Glas vom Fass), in *botellines* oder *tercios* aus kleinen Flaschen getrunken. In den *cervecerías,* wie die **Bierkneipen** hier heißen, bekommt man häufig die spanischen Marken „Mahou" und „Aguilar". Daneben

▷ *Im Bereich des Hochprozentigen bevorzugen Madrilenen besonders Gin und Vermut (Wermut)*

sind aber auch einige ausländische Biere vertreten. Zu den berühmtesten Kneipen gehört die Cervecería Alemana (s. S. 40), die trotz ihres Namens keineswegs eine deutsche „Hau-auf-den-Tisch-Bierstube" mit Stammtisch ist, sondern eine uralte spanische Taverne mit reichem Biersortiment.

Spanien ist ein **anerkanntes Weinland**. *Con pan y vino se anda el camino.* – Brot und Wein gehören nach diesem alten Sprichwort zum Reiseproviant. Heute wachsen auf der Halbinsel wegen der starken Klima-, Boden- und Höhenunterschiede höchst unterschiedliche Weine: Vom Sherry *(jerez)* im südlichen Andalusien über den Apfelcidre *(sidra)* in Asturien bis zum champagnerähnlichen Schaumwein *cava* in Katalonien. Die Herkunftsbezeichnung ist ein Qualitätssiegel und Garantie für guten, ständig kontrollierten Wein. Die wichtigsten Weine mit dieser Bezeichnung stammen aus Kastilien *(Ribera de Duero)*, der Rioja *(Haro)*, Navarra *(Olite)* und Galicien *(Cambados)*.

LITERATURTIPP

Nachschlagewerk zu spanischen Weinen

Der **Guía Peñín** des berühmten spanischen Weinkritikers José Peñín ist ein jährlich aktualisiertes, sehr ausführliches Weinbuch, das auch auf Deutsch beim Verlag Heel erscheint. Tipp: Ein Interview mit ihm über seine Arbeit, das Besondere an Spaniens Weinen und seine Konkurrenten findet sich auf:

❯ www.spanien-reisemagazin.de/
interviews/interview-mit-jose-penin.html

Entlang des Duero in Kastilien-León wachsen die Trauben, aus denen Spaniens bester Rotwein gekeltert wird. Aus dieser Gegend **Ribera del Duero** kommt der Vega Sicilia, den viele für den spanischen Spitzenwein überhaupt halten. Aus der Region Galicien wiederum stammt der leichte und süffige **Weißwein Ribeiro,**

Madrid für Genießer

Tapas

Der Name stammt aus Andalusien, wo man einst belegte Brotstückchen auf Sherry- und Weingläser legte (*tapear* = zudecken), um Fliegen abzuhalten. Daraus hat sich das reiche Angebot der Zwischendurch-Häppchen entwickelt.

der in Madrids galicischen Restaurants aus flachen Porzellanschalen getrunken wird.

Wer kennt sie nicht, die riesigen schwarzen Stiere, die auch an den einsamsten Stellen des Landes für die bekannteste **Sherry-Marke** werben? Neben Osborn sind auch Sandeman und Tío Pepe bekannte Marken. In der berühmten, kleinen Sherry-Bar La Venencia (s. S. 41) im Stadtviertel Huertas trinkt man den sehr trockenen *fino*, der zu Vorspeisen aus Fisch- und Meeresfrüchten passt, den nicht ganz so trockenen *Amontillado,* der zu Fleisch, Schinken und Käse genippt wird, den süffigen *Oloroso* oder den süßen *Moscatel.* Als Aperitif trinken besonders die älteren Madrilenen Wermut vom Fass.

Schließlich ist hier wie überall die **Sangría** bekannt, die ursprünglich aus Valencia stammt. Das bowleartige Getränk aus Sekt, Limonade und Zitrusfrüchten ist in jeder Taverne Madrids zu haben und wird dort vor allem von Touristen bestellt.

⬙ *Manche Kellner der Taberna de Antonio Sánchez (s. S. 35) sind ehemalige Toreros*

Kulinarischer Tagesablauf

Morgens

Der Tag beginnt für die Madrilenen mit einem **schnellen, spärlichen Frühstück.** Den reinen Espresso *(café solo),* Espresso mit heißer Milch *(café con leche)* oder Espresso mit einem Schuss Milch *(café cortado)* trinkt man entweder zu Hause, meistens aber an der Theke in einer Bar, Cafetería oder *Churrería.* Die von früh bis spät beliebten Bars an so ziemlich jeder Straßenecke haben immer eine lange Theke und gegebenenfalls ein paar Stühle in der Ecke.

Zum Frühstück gibt es **süße Teilchen** *(bollos)* und gebuttertes, auf der Herdplatte aufgebackenes **Toastbrot** *(tostadas)* mit Marmelade oder *churros.* Dieses in Öl **frittierte Spritzgebäck** wird in den *Churrerías* schon in den frühen Morgenstunden gebacken und schmeckt den Spätheimkehrern und Frühaufstehern am besten zu einer dickflüssigen Schokolade *(chocolate)* oder zu Milchcafé. Wer es weniger fett und süß mag, kann sich auch ein Croissant *a la plancha* bestellen, das aufgetoastet und mit Butter und Marmelade serviert wird. Wer allerdings Ausschau nach einem üppigen Frühstück mit Brötchen, Käse und Orangensaft oder gar Müsli hält, frühstückt besser im Hotel.

Wenn sich gegen zwölf der **erste Mittagshunger** meldeJt, ist Aperitifzeit. Zu einem Glas Sherry *(Jerez)* oder Martini werden **tapas** gegessen. Das sind kleine Snacks, die in den Bars und Restaurants direkt an der Theke bunt und vielfältig hinter Glas liegen: frittierte Tintenfischringe *(calamares),* Champignons, eingelegte Muscheln oder Tortillastücke.

Wer sich das Mittagessen sparen will oder wem nach dem schmalen

Frühstück der Magen knurrt, kann auch gleich eine große Portion der *tapa,* also eine *ración* bestellen. Auch ein belegtes Stangenweißbrot *(boca-dillo)* macht für längere Zeit satt. Außer in den Bars bekommt man diese Zwischenmahlzeiten oft auch in den kleinen Restaurants, die im Vorraum zum Speisesaal *(comedor)* eine Theke haben.

Mittags

Verhältnismäßig spät wird dann erst so „richtig" zu Mittag gegessen. In den Restaurants serviert man die *comida* (Mittagessen) zwischen 13.30 und 16 Uhr. Für die **aufwendigste Mahlzeit des Tages** nimmt man sich viel Zeit, egal wo man isst. In den billigen Restaurants der Stadtviertel Lavapíes, Chueca und Malasaña ist mittags die Hölle los. Die Ober *(camareros)* balancieren Teller zwischen den kleinen Tischen zu den Gästen, geben Bestellungen lauthals an die Küche weiter, dazu plärrt der Fernseher und Spielautomaten spielen ihre Erkennungsmelodie. Hier essen die Nachbarn und Angestellten der Umgebung.

Gepflegter geht es in den **Tavernen,** den *tascas* und *tabernas* zu. Besonders in den Stadtgebieten Huertas und rund um das Teatro Real ❶ findet man diese schönen Weinlokale, die oftmals noch aus der Jahrhundertwende stammen. Die offenen Weinregale hinter der Theke, bunte Wandkacheln, kleine Marmortische und rustikale Holzbänke machen den besonderen Reiz der Tavernen aus. Mittags und abends riecht es dort nach auf offenem Feuer gerösteten Spanferkeln, Forellen, Zwiebeln und Knoblauch. Nach dem Essen trinkt man noch einen Café oder einen Brandy.

021md Abb.: tb

Während die Arbeiter ihre Mittagspause noch mit einem Kartenspiel beenden, ziehen sich andere zu einer gemütlichen **Mittagsruhe,** der *siesta,* zurück. Erst gegen 17 Uhr geht der Tag für viele weiter, die kleinen Läden öffnen wieder und die Straßen beleben sich.

EXTRATIPP

Kulinarische Altstadtgassen

Urige Tavernen reihen sich in der **Gasse Cava Baja** [B5] nahe der Metrostation La Latina aneinander. Südlich der Puerta del Sol ❶ bieten die Restaurants in den Gassen Alvarez Gato und Pasaje Matheu Paella und Sangría und man sitzt im Sommer im Freien unterm Sonnendach. **Studenten und Künstler** bevorzugen die Tavernen rund um die Plaza del Dos de Mayo ㉗ in Malasaña, die Plaza de Chueca ㉙ und die Straße Argumosa [E6] in Lavapíes.

Madrid für Genießer

Abends

Erst ab 21 Uhr öffnen die Tavernen und Restaurants wieder für das **Abendessen** *(cena)*. Es fällt zu Hause etwas weniger aufwendig aus als das Mittagessen, in den Restaurants dagegen ist es genauso ausgiebig. Gegessen wird bis in die späte Nacht.

Infos zum Essengehen

❭ Richtig essen geht man mittags ab 13.30 und abends nicht vor 21 Uhr.
❭ Selbst im Hochsommer achten die Spanier auf ein **gepflegtes Äußeres**, vor allem in besseren Restaurants.
❭ Da viele Familien **sonntags** zusammenkommen, haben die meisten Restaurants an diesem Tag geschlossen.
❭ Die Speisen auf der Karte sind in vielen Restaurants mehrsprachig.
❭ Ein **Trinkgeld** von 5 bis 10 % ist angemessen.
❭ **Mittagsmenüs** sind immer günstiger als abends und à la carte.
❭ Wer sich an den **Tresen** setzt und Tapas aussucht, zahlt weniger als am Tisch oder erst recht auf der Terrasse.

Cafés

42 [D1] **Café Comercial** @@, Glorieta de Bilbao 7, direkt an der Metrostation Bilbao, Ausgang Manuela Malasaña, 8–1 Uhr. Geräumig-verspiegeltes Café mit Marmortischen, klassisch und immer belebt. Viele kommen auch mit ihren Laptops zum Surfen hierher. Die Kellner servieren Tag und Nacht und erst seit einigen Jahren gibt es in dem Traditionshaus auch Kellnerinnen. Aufgrund der Lage ein sehr beliebter Treffpunkt.

43 [B4] **Café del Nuncio** @@, Segovia 9, tgl. 12–2 Uhr. Das Café mit klassischer Einrichtung ist ein beliebter Treff, um von hier aus den nächtlichen Streifzug einzuleiten, und bietet eine schöne, geräumige Terrasse. Besonders bei Studenten beliebt.

44 [B3] **Café del Real,** Plaza Isabel II, bis Mitternacht geöffnet. Klein und gemütlich, vielfach von Musikern besucht, die hier fachsimpelnd am Cappuccino nippen. Klassische Musik bis spät in die Nacht.

45 [F2] **Café-El Espejo,** Paseo de Recoletos 31, www.restauranteelespejo.com. Übergroße Wandspiegel, Kronleuchter, Marmortische und alte Kaffeehausstühle geben der Café-Bar im Vorderraum ein einzigartiges Ambiente. Im Hinterraum schließt sich ein teures Restaurant an, im Außenbereich gibt es einen Jugendstil-Pavillon.

46 [F2] **Café Gijón,** Paseo de Recoletos 21, tgl. 9.30–3 Uhr. Der Klassiker unter den alteingesessenen Cafés reicht bis ins 19. Jh. zurück. Das Stammcafé der Schriftsteller, Künstler und Politiker wird heute von einem bunt gemischten Publikum besucht. Die Innenräume haben sich seit den Anfängen kaum verändert.

47 [D1] **Café Manuela** @@, Vicente Ferrer 29, tgl. 16–24 Uhr. Das Café im Kiez von Malasaña gehört zu den Klassikern vor Ort. Gemütliches Interieur und benannt nach der jungen Manuela Malasaña, die einst heroisch gegen die französischen Besatzer kämpfte (und starb).

48 [C1] **Café Ruiz** @@, Ruiz 11, 15–3 Uhr. Ruhiges, kleines und stilvolles Café im

---

WLAN-Hotspots
Lokalitäten mit WLAN-Hotspots sind hier mit „@@" gekennzeichnet.

Gastro- und Nightlife-Areale
Bläulich hervorgehobene Bereiche in den Karten kennzeichnen Gebiete mit einem dichten Angebot an Restaurants, Bars, Klubs, Discos etc.

Stadtviertel Malasaña, hier lesen manche den ganzen Sonntagnachmittag Gedichte. Und der selbstgebackene Kuchen ist auch nicht schlecht.

◒49 [B4] **Café Unión,** Unión 1, Mo–Fr 19–1, Sa und So 19–3 Uhr. Vielfach von Künstlern frequentiertes Café mit Foto- und Gemäldeausstellungen. Die Auswahl an Kaffeesorten ist nicht schlecht, aber auch die Cocktails sind gut. Nah an der zentralen Oper gelegen.

Terrassenbars mit Aussicht

◒56 [D6] **Gaudeamus Café,** Tribulete 14, Metro: La Latina, www.gaudeamuscafe.com, Mo–Fr 15.30–24, Sa 20–24 Uhr, Restaurant Mo–Sa abends geöffnet. Das Terrassencafé mit angeschlossenem Restaurant bietet eine wunderbare Sicht auf die Dächer von Lavapiés und die Kirchenruine, in der es zusammen mit einer Bibliothek integriert ist. Auch für Architekturfans und Bücherfreaks ein Muss. (Bibliotheksmitglied wird übrigens gratis und prompt, wer zwei Passbilder und die Kopie des Ausweises vorlegt.)

◓57 [D4] **Terraza The Penthouse,** Plaza Santa Ana 14, www.memadrid.com, nach Sonnenuntergang bis spät für das Publikum geöffnet. Die Terrasse des weiß leuchtenden Hotels Me Madrid Reina Victoria erreicht man über einen Aufzug von der Seite des Plaza aus. Chill-out-Bereiche, Sitzkissen, fähige DJs und ein toller Blick auf die Plaza Santa Ana lassen die Zeit schnell vergehen. Die Drinks sind leicht überteuert, aber die kann man ja auch nachher auf der Plaza trinken …

◒50 [B3] **Café Vergara,** Vergara 1, nahe Metrostation Ópera. Café con leche und heiße Schokolade locken hinter den holzvertäfelten Eingang. Eher betuchtes Publikum.

◒51 [C4] **La Mallorquina,** Mayor 2, Ecke Puerta del Sol, 9–21 Uhr. Die zentralste Konditorei Madrids hat im ersten Stock ein einfaches Café, wo man gut sitzen kann, mit etwas Glück am Fenster mit Sicht auf die Puerta del Sol oder die Calle Mayor. Hier gibt es leckeren *café con leche* (Milchkaffee) und auch Teilchen aus den Auslagen unten.

◒52 [B3] **La Oriental,** Campomanes 5. Bonbonfarbene Wände umringen eine 1996 gegründete Café-Konditorei. Die nette Besitzerin Teresa ist stolz auf ihre selbst gemachten Süßigkeiten.

◒53 [D5] **Nuevo Café Barbieri,** Ave Maria 45. Eines der schönsten und dabei sehr geräumigen Cafés nahe der Plaza de Lavapiés, alternatives Ambiente. Hier ist tagsüber viel Ruhe angesagt, doch abends drehen die Jungs hinter der Theke schon mal richtig die Anlage auf.

Empfehlenswerte Lokale

An dieser Stelle sind Restaurants für jeden Geschmack aufgeführt – und auch für die Sinne: Im La Favorita zum Beispiel singen die Kellner (s. S. 36).

Tapas

◑54 [C3] **Casa Labra** €, Tetuán 12, Tel. 915310081. Eine Gedenktafel an der Tür erklärt den Bekanntheitsgrad dieses Kneipen-Restaurants. 1879 wurde hier heimlich die Partido Socialista Español gegründet. Pablo Iglesias, einer der bedeutenden spanischen Sozialisten dieser Zeit, veranstaltete im Labra seine Diskussionsrunden. Zur Aperitifzeit drängen sich die Leute an der Bar.

◑55 [A5] **El Ventorillo** €€, Bailén 14. Ab April, wenn die Abende wärmer werden,

Restaurantkategorien

€	günstig	(Hauptgericht bis 15 €)
€€	moderat	(Hauptgericht 15–30 €)
€€€	teuer	(Hauptgericht ab 30 €)

ist die Terrasse des Bar-Restaurants ausgesprochen belebt. Bei einer Tapa genießt man die weite Aussicht auf Madrids untergehende Sonne. Die Küche ist auf Fisch und Fleisch spezialisiert.

58 [F4] **En Estado Puro** €€, Plaza Cánovas del Castillo 4, Tel. 913302400, www.tapasenestadopuro.com, Mo–Sa 11–1 Uhr, So nur mittags geöffnet. Die vielleicht beste Tapabar der Stadt liegt am Paseo del Prado nahe dem Prado-Museum **22** . Betreiber ist Starkoch Paco Roncero, der auch ab und an Spaniens Prinzenpaar bekocht. Stylishes Restaurant mit Terrasse und Bar, die Tapas sind erstaunlich günstig (pro Stück rund 5 €). Zur Wahl stehen traditionelle Speisen, die eigenwillig aufgepeppt sind, ob Miesmuscheln, Spargel, *flan* oder würzige

Kartoffeln, immer frisch zubereitet von Alfonso Castellano und manchmal sogar vom Chef persönlich. Eine nicht weniger kultige Zweigstelle mit Terrasse gibt es an der Plaza del Angel in Huertas [D4].

59 [D4] **La Casa del Abuelo** €, Victoria 12, Tel. 902027334. Das „Haus des Opas" könnte auch „Garnelen-Haus" heißen. Zum einfachen Weißwein gibt es Gambas in Knoblauch (al ajillo), Gambas-Kroketten, Gambas gebraten sowie panierte Gambas Gabardinas. Ach ja, und gebratene Langostinos. Tolle Taverne im Stadtviertel Chueca.

60 [D4] **La Costa de Vejer** €€, Pasaje Alvarez Gato (Ecke Nuñez del Arce), Mo und im Aug. geschlossen. Genau gegenüber der schönen Kachelfassade der Villa Rosa, ein beliebtes Flamencolokal mit Gratis-Shows, hat man sich auf Krabben spezialisiert. Die gibt es in allen Variationen: gegrillt, gekocht oder mit Knoblauchbutter.

61 [E4] **La Fábrica** €, Jesús 2, Tel. 913690671, Mo. geschlossen. Leckere Tapas im klimatisierten Hinterzimmer. Einige der Baguettescheiben mit Roque-

fort oder Lachs haben so kuriose Namen wie „Orgie", „Ehe" und „Scheidung" – kann man in dieser Reihenfolge essen.

62 [B5] **Lamiak** €€, Cava Baja 42. Leckere baskische Tapas *(pintxos)*, guter Wein, junges Ambiente, hoher Geräuschpegel, mit Keller. Hier soll der spanische Liedermacher Joaquín Sabina angeblich sein erstes Mini-Konzert gegeben haben.

63 [C5] **Taberna de Antonio Sánchez** €€, Mesón de Paredes 13, in der Regel Di–So 12–16 und 20–24 Uhr (außer im August). Die Taverne ist wunderbar authentisch, der älteste Stierkopf an der Wand stammt aus dem Jahr 1903! Spezialitäten sind Rinderblutwurst und Stierschwänze. Wen letzteres abschreckt, dem werden jede Menge anderer Platten und Häppchen angeboten. Der Gründer war Torero, was man an den Bildern sieht. Auch einer der lebenserfahrenen Betreiber von heute hat schon die Capa geschwungen.

64 [B5] **Taberna Salamanca** €€, Cava Baja 31. Winzige, angesagte Taverne mit roter Fassade in einer der besten Restaurantgassen der Stadt. Gute Schinken und Kroketten, auch deshalb meist ziemlich gut besucht.

Kreativ und angesagt

65 [bi] **Casa Mingo** €, Paseo de la Florida 34. Geräumige asturische Taverne nahe der Kapelle Pantheón de Goya, urig eingerichtet und auf zwei Dinge spezialisiert: Apfelwein und Huhn, das gibt es hier in rauen Mengen. Lohnt auch, wenn man in einer größeren Gruppe unterwegs ist. Von hier aus ist es nicht weit zur Gondelbahn, die in den Park Casa del Campo schwebt.

66 [E4] **Dómine Cabra** €€, Huertas 54, Tel. 914294365, So.abend und 2.

◁ En Estado Puro –
eine ausgezeichnete Tapasbar

Joaquín Sabina

Der 1949 geborene Liedermacher gehört zu den bekanntesten Stimmen Spaniens: rauchige Stimme, viele lyrische Texte über *muchachas* und Madrid (www.jsabina.com).

Hälfte Aug. geschlossen. Frisches vom Markt wie z. B. *berenjenas* (Auberginen) wird im Ofen überbacken zur wahren Köstlichkeit. Verschiedene Menüs ab ca. 15 €.

67 [E2] **El Armario** €€, San Bartolomé 7, www.elarmariorestaurante.com, Tel. 915328377. Originell eingerichtetes Lokal mit französisch inspirierter Küche, leckere Risottos und Salate, Meeresfrüchte und Fleisch, gerne auch von gleichgeschlechtlichen Paaren besucht. Daher auch der Name „Der Schrank", denn sich outen heißt auf Spanisch *salir del amario* – „aus dem Schrank steigen" …

Die Top 10 unter den Tapas

Madrilenen sitzen besonders gern am Tresen und wählen in ihren Lieblingstavernen ein paar Tapas aus. Hier eine Hitliste der zehn besonders gefragten:

> Sardellen – **anchoas**
> Fleischbällchen – **albóndigas**
> Garnelen in Knoblauch – **gambas al ajillo**
> Kleine Tintenfische – **chipirones**
> Serrano-Schinken – **jamón serrano**
> Wurst in Cidre – **chorizo en sidra**
> Manchego-Käse – **queso manchego**
> Kroketten – **croquetas**
> Kartoffelomelett – **tortilla**
> Kartoffeln mit scharfer Sauce – **patatas bravas**

68 [E6] **El Granero de Lavapiés** €€, Argumosa 10, Tel. 914677611, mittags tgl., abends Fr und Sa geöffnet. Vegetarische Küche, ruhiges Ambiente, die Besitzer unterstützen Projekte in Lateinamerika. Hier und in der Umgebung ist alternatives Publikum unterwegs, auf Prada-Mode und teure experimentelle Küche legt kaum jemand wert.

69 [D1] **El Restaurante Vegetariano** €, Marqués de Santa Ana 34, nur mittags, Mo geschl. Vegetarische Küche, leckere Natursäfte, Selbstbedienung bei diversen Salaten.

70 [B4] **Ene** €€, Nuncio 19, Tel. 913662591, www.enerestaurante.com. Innovatives Design, sanfter Sound und baskisch-asiatische Gerichte und Tapas gegenüber der Kirche San Pedro El Viejo. Einen halben Stock weiter unten gibt es die in Madrid derzeit so angesagten Chillout-Liegen für einen Drink nach dem Essen, die aber im Voraus reserviert werden müssen. Sa, So und Fei Brunch von 13–16 Uhr für 20 €.

71 [B4] **Fuentes & Bonetillo** €€, Calle de las Fuentes 1, Tel. 917586745, www.fuentesybonetillo.com, sonntagabends und Mo geschl. Hier kommen biologisch-dynamische Produkte mit leicht französischer Note auf den Tisch. Die Köchin Maki bietet auch Kochkurse ab 30 € an.

72 [E4] **La Biotika** €€, Amor de Dios 3, Tel. 914290780, www.labiotika.es. Dieses kleine vegetarische Restaurant hat eine einfallsreiche, ständig wechselnde und nicht teure Tageskarte. Im daran angeschlossenen Naturkostladen bekommt man frisches Vollkornbrot und alle anderen typischen Vollwertprodukte.

73 [bi] **La Favorita** €€€, Covarrubias 25, www.restaurantelafavorita.com, Tel. 914483810, geschl.: Sa nachm. und So. In dem alten Bürgerhaus speist man gut, die Küche ist kreativ, doch das Originellste sind die Kellner. Sie nämlich schmettern zum Hauptgang Arien. Nicht etwa nur so zum Spaß, sondern auch, um ihr Budget aufzubessern. Die Engagements an der Oper sind hart umkämpft und wer gerade außen vor bleibt, muss schließlich in der Zwischenzeit auch irgendwie die Miete zahlen.

74 [C1] **La Musa** €€, Manuela Malasaña 18, www.grupolamusa.com, tgl. bis mind. 1 Uhr morgens. Lebhaft, junges Publikum, kleine Tische, originell eingerichtet. Für zwei Personen lohnt ein asiatisch angelegtes Trio de Tapas als Vorspeise, gefolgt von Fleisch am Spieß (solomillo de ciervo). Gute spanische Weine, deutsch ist hier nur das Bier. Am Wochenende Wartezeit an der Bar einplanen. Mo–Do günstige Mittagsmenüs.

75 [B5] **La Txacolina** €€€, Cava Baja 31. Elegantes baskisches Restaurant im Kiez von Madrid mit guten Gerichten und kleinen pintxos (Appetithäppchen) aus der nördlichen Region. Dazu trinkt man hier den regionalen Txacolí, einen süffigen, relativ trockenen Weißwein.

76 [E5] **La Vaca Verónica** €€, Moratín 38, www.lavacaveronica.es, Tel. 914297827, sonntagabends geschlossen. Gut dekoriert, moderate Preise, die Köchin schnibbelt auch Nüsse und Roquefort in den Salat, außerdem Nudel- und Fleischgerichte. Das Mittagsmenü werktags gibt es für rund 15 €.

77 [E5] **Maceira** €, Jesús 7, nahe Paseo del Prado. Auf der Speisekarte stehen pulpo (Seekrake), mejillones (Miesmuscheln), vieiras (Jakobsmuscheln), verschiedene Käsesorten und Galiciens angesagte Weißweine wie der Ribeiro und, etwas gehobener, der Albariño. Dieser Spitzen-Weißwein ist der beliebteste ganz Spaniens. Junges Ambiente.

❭ **Museo del Jamón** €€ (s. S. 20), www.museodeljamon.com. Gleichzeitig Schinkengeschäft, Tapasbar und – im Obergeschoss – Restaurant. Hier gibt es Handfestes, vor allem gute Fleischgerichte, und für den Hunger zwischendurch an

der Theke im Untergeschoss Tapas und
cañas (Bier).

🔊**78** [B4] **Negro de Anglona** €€€, Segovia
13, Tel. 913663753, tgl. abends geöffnet. Getünchte Wände, schickes Design,
freundliche Kellner: ein Restaurant mit
tollem Ambiente. Neben hoher Koch-
kunst mit leicht französischem Einschlag
gibt es auch einfachere Fisch- und
Fleischgerichte und Salate.

🔊**79** [D1] **Nina** €€, Manuela Malasaña 10,
tgl. geöffnet. Mediterrane Küche, schickes, kühles Interieur, Sa, So und feier-
tags Brunch (12–17.30 Uhr) für 20 €.
Etwas laut und nichts für Leute, die lieber
in eine urige Taverne gehen.

🔊**80** [F2] **Oliver** €€, Almirante 12, Tel.
915217379, www.cafeoliver.com,
tgl. geöffnet. Gute Küche mit französischem Anstrich, auch Café. Sonntags
gibt es Brunch (11.30–16 Uhr) für 24 €.
Sehr beliebt, wer also vor 13 Uhr da ist,
bekommt am ehesten noch einen Platz.

🔊**81** [D3] **Pans & Company** €, Gran Vía 30,
tgl. geöffnet. Tortilla-Baguettes, diverse
Salate, leckere Teilchen, Tee und Kaffee – Pans ist die richtige Antwort auf
McDonald's schräg gegenüber. Im Obergeschoss sitzt man mit Blick auf die
Gran Vía auch alleine gut. Das Unterneh-
men hat noch einige weitere Filialen im
Stadtkern.

🔊**82** [E2] **Tienda de Vinos** €, Augusto
Figueroa 35, So geschlossen. Mitten im
kultig-schicken Designerviertel Chueca
wirkt diese Taverne nicht nur wie aus den
1970er-Jahren, sie ist es auch. Hinter
der rötlichen Holzfassade gab es schon
einfache Gerichte und Weine, als die
Gäste hier noch heimlich gegen Franco
wetterten und die Taverne inoffiziell „El
Comunista" hieß. Heute kommt hierher,
wer statt Molekular- und Fusionsküche
ein herzhaftes kastilisches Schnitzel will.
Die Betreiber sind nicht mehr die jüngs-
ten, doch das Restaurant ist eine Institu-
tion und so könnte es die nächsten Jahre
noch überleben.

❯ **Vips** (s. S. 26). Zum Selbstbedienungsladen gehört ein einfaches Restaurant,
in dem man auch nachts bis 3 Uhr noch
etwas Warmes zu essen bekommt.

◹ *Günstige Preise und pragmatische
Einrichtung – die beiden finden das
Pans & Company klasse*

Lecker vegetarisch

Gute Auswahl vegetarischer Speisen bieten die folgenden Lokale, wobei das Viva la Vida besonders originell und schön gelegen ist:

> **El Granero de Lavapiés** (s. S. 36)
> **El Restaurante Vegetariano** (s. S. 36)
> **Viva la Vida** (s. S. 38)

Dinner for one

Wer alleine unterwegs ist und auch unabhängig von den üblich späten Essenszeiten etwas zu sich nehmen möchte, dem seien folgende Lokale ans Herz gelegt:

> **Museo del Jamón** (s. S. 20)
> **Pans & Company** (s. S. 37)

Für den späten Hunger

Bis weit nach Mitternacht geöffnet, das erste Lokal argentinisch, das zweite schlicht:

> **La Recoba** (s. S. 39)
> **Vips** (s. S. 26)

Lokale mit guter Aussicht

> **El Ventorillo** (s. S. 33). Aus dem Ventorillo bietet sich eine schöne Aussicht auf die Kathedrale.
> **Gaudeamus Café** (s. S. 33). Mit Blick auf die Dächer des Altstadtviertels Lavapiés.
> **Volvoreta** (s. S. 39). Höchstes Aussichtsrestaurant der Stadt.

Für Morgenmuffel

Wer erst spät aus den Federn kommt, kann auch in folgenden Lokalen gut brunchen, zumindest am Wochenende bzw. am Sonntag (Oliver):

> **Ene** (s. S. 36)
> **Nina** (s. S. 37)
> **Oliver** (s. S. 37)

83 [B5] **Viva la Vida** €€, Costanilla de San Andrés 16 (Pl. de la Paja), Tel. 913663349, www.vivalavida.com.es, Mo/Mi 12–24, Do–So 11–2 Uhr, Di geschlossen. Ziemlich farbenfroh geht es auf den beiden Stockwerken zu. Das vegetarische Buffet ist lecker, lockeres Ambiente und in der Regel gut besucht.

Typisch madrilenisch

84 [C4] **Casa Botín** €€€, Cuchilleros 17, Tel. 913664217, www.botin.es, tgl. mittags und abends geöffnet. Das 1725 gegründete Restaurant der gehobenen Preisklasse ist laut Guinnessbuch das älteste Restaurant der Welt. Kastilisches Lamm *(cordero)* ist die Spezialität des für seine Küche berühmten Hauses.

85 [F1] **Casa Manolo** €€, Orellana 17, Tel. 913087378, www.casamanolomadrid.com, So geschlossen. In den Räumen des 19. Jh. wird kastilische Hausmannskost serviert. Die weiß gedeckten Tische unterstreichen das gediegene, schlichte Ambiente des Restaurants. Moderate Preise.

86 [B4] **Casa Paco** €€€, Puerta Cerrada 11, Tel. 913663166, So und im Aug. geschlossen. Angesehene spanische Küche, angemessene Preise. Gut sind vor allem die Tapas an der Theke, doch man sollte mit 60 € pro Person schon rechnen.

87 [C4] **Casa Revuelta** €€€, Latoneros 3, Tel. 913663332, So.abends geschlossen. Spezialisiert auf die typischen Speisen der Region, doch eines gibt es hier in Reinkultur: *bacalao* (Kabeljau). Dieser Fisch stammt zwar von der Küste, ist aber ein traditionelles Essen der Madrilenen seit Jahr und Tag.

88 [B3] **La Bola** €€, de la Bola 5, Tel. 915476930, www.labola.es, So.abends und an manchen Tagen im August geschlossen. Der *cocido a la madrileña* ist ein Eintopf mit Fleisch und Kichererbsen, *chuletitos de cordero lechal* wiederum Koteletts vom Milchlamm, was man hier für rund 20–30 € bekommt. Und auf dem Tagesmenü steht oft *ropa vieja*, Rindfleisch mit einer Zwiebel-Wein-Soße. Nicht nur die Nachbarn halten sehr viel von diesem Restaurant.

Gehobene Kochkunst

🛈**89** [B4] **Corgui** €€€, Rollo 8, Tel. 9615471005, geschl.: Mo. Kühles Design im Innern, ruhige Terrasse draußen. Tapas und innovative Speisen, gute Weine, für die Qualität moderate Preise.

🛈**90** [D4] **Lhardy** €€€, Carrera de San Jerónimo 8, Tel. 915222207, www.lhardy. com. Seit der Gründung dieses traditionellen Restaurants 1838 scheint die Zeit stehen geblieben zu sein. Im Erdgeschoss kann man Delikatessen einkaufen oder sie gleich in kleinen Häppchen zu sich nehmen. Der Speisesaal im ersten Stock strahlt im Glanz seiner Kronleuchter. Der Stil hat seinen Preis: Der ehemals als Armeleuteessen geltende *cocido* hat fürstliche Preise, ebenso wie die Tagesmenüs.

🛈**91** [cf] **Volvoreta** €€€, Paseo de la Castellana 259, www.eurostarsmadridtower. com, Tel. 913342755. Zum Hochhausquartett an der Castellana gehört der Torre Sacyr Vallehermoso, und darin ist das höchste Restaurant der Stadt untergebracht. Mediterrane Küche und sagenhafter Blick auf Madrid und die Sierra. Für ein Drei-Gänge-Menü sollte man pro Person mit rund 120 € rechnen.

International

🛈**92** [E4] **El Tocororo** €€, Prado 3, Tel. 606970837, eltocororo.com. Preiswertes kubanisches Restaurant, das mit karibischen Menüs und rumhaltigen Getränken wie Mojito und Daiquiri überzeugt.

🛈**93** [D5] **La Recoba** €€, Magdalena 27, Tel. 913693988, www.larecoba.com. Live gibt es ab und zu Tangos und Boleros, die Küche (Pizzen, Fleisch, Tortillas)

und das Interieur sind akzeptabel. Clou: von 21.30 bis 6 Uhr morgens geöffnet!

🛈**94** [D3] **Zara** €€, Infantas 5, Tel. 915322074, www.restaurantezara.com. Frittierte Bananen, *Moros y Cristianos* (Reis mit schwarzen Bohnen) und pikantes Hühnerfleisch. Hier werden spanische und kubanische Gerichte serviert plus kubanischem Rum als Absacker. Das Zara gehört zu den eher preiswerten Restaurants des Stadtteils Chueca. Kleiner Raum, gemütliche Atmosphäre.

Madrid am Abend

Nachtleben

Die Madrileños nennen sich Katzen, „gatos". Angeblich schlafen sie nie, und wenn man samstags um vier Uhr morgens über die zentrale Puerta del Sol läuft, sind dort so viele Nachtschwärmer unterwegs, dass man es fast glaubt. „Viva la noche" eben, es lebe die Nacht.

Und die hat ihre Rhythmen. Zunächst geht es in die Restaurants und Tapabars für eine gute Grundlage, dann in die Musikkneipen und frühestens ab 1 Uhr nachts in die Discos, wenn es dort allmählich lebhaft wird.

Ausgehviertel

Die besten Ausgehviertel mit vielen Kneipen, Terrassen und Tavernen sind **Chueca** (s. S. 102) rund um die Plaza de Chueca🔴, **La Latina** (s. S. 87) rund um die Plaza de la Paja, **Malasaña** (s. S. 102) rund um die Plaza del Dos de Mayo🔴 und **Lavapiés**, wo sich einige Terrassenbars an der Straße Argumosa [E6] befinden. Das Ausgehviertel per se ist **Huertas** (s. S. 90), denn hier – rund um die Plaza Santa Ana🔴 – gibt es das

größte und vielfältigste Angebot. Vor allem ab Donnerstagabend ist aber auch in den anderen Stadtgebieten viel los und die Party dauert schon mal bis zum Morgengrauen. Gegen 5 oder 6 Uhr morgens finden sich dann einige in der **Chocolatería San Ginés** ein, der letzten Anlaufstelle. Die Leute stehen dort oft regelrecht Schlange.

Anschluss findet man schnell, bald schon ist man in der Gruppe unterwegs und am nächsten Tag genauso schnell wieder vergessen, aber was solls. Wer nicht so viel verträgt, sollte übrigens mit den in Madrid beliebten Gin Tonics aufpassen. Die Dosierungen sind mit mitteleuropäischen nicht zu vergleichen, der Gin-Anteil ist höher. Viel höher.

Bars und Tavernen

⑦95 [D4] **Cervecería Alemana,** Plaza Santa Ana 6. Diese bekannte Bar aus dem 19. Jahrhundert ist immer gut besucht und die Kellner im Frack sorgen für zusätzlich gute Stimmung. Trotz des missverständlichen Namens hat sie mit einer deutschen Bierkneipe rein gar nichts zu tun.

⑦96 [C4] **Chocolatería San Ginés,** Pasadizo de San Ginés 5, bis 7 Uhr morgens geöffnet (außer Mo)! Hier beenden viele den Nachtstreifzug, um heiße, dickflüssige Schokolade mit Spritzgebäck *(churros con chocolate)* zu essen, ein Klassiker des Nachtlebens. Vor allem von Freitag auf Samstag kann es sogar um 5 Uhr morgens voll werden.

⑦97 [D4] **El Imperfecto,** Plaza de Matute 2. Eine Art Stammkneipe in Huertas, obwohl es so etwas in Madrid eigentlich gar nicht gibt. Dienstags oft Jazzkonzerte, ansonsten gute Cocktails, Tees und Cafés.

⑦98 [C2] **El Palentino,** Pez 12. Helles Neonlicht, simpel wie jede Eckkneipe in Madrid, lauter Fernseher bei Fußballübertragungen, also nichts Besonderes – wären da nicht die spottbilligen Preise für belegte Brötchen, Bier und schärfere Getränke. Das Palentino ist meis-

◹ *5 Uhr morgens: Hungrige vor der Chocolatería San Ginés!*

tens proppevoll und der richtige Ort, um mit *gente joven* (U30) ins Gespräch zu kommen.

99 [E5] **El Reporter,** Fúcar 6. Hinter den mit spektakulären Pressefotos geschmückten Räumen befindet sich eine große Innenhofterrasse. Im Sommer kann man hier im angenehm kühlen Schatten der rankenden Pflanzen leckere Longdrinks und Natursäfte genießen.

100 [B5] **El Viajero,** Plaza de la Cebada 11. Eine der alteingesessenen Stadtviertelbars in La Latina mit wunderbarer, sehr beliebter Dachterrasse. Guter Treffpunkt, denn in der Umgebung gibt es viele weitere Bars und Freiluftterrassen.

101 [C4] **Ice Bar,** Conde de Romanones 3, www.icebarmadrid.com, Eintritt 15 € inkl. Drink. Die igloartige Bar aus 35 Tonnen Eis bietet eine coole Atmosphäre. Warme Jacken werden den Gästen zur Verfügung gestellt.

102 [E4] **La Venencia,** Echegaray 7. Typisches, altmodisches und ruhiges Sherrylokal mit vergilbten, alten Stierkampfplakaten. Am Tresen gibt es den trockenen Sherry Fino aus Jeréz, den man am besten mit ein paar Oliven probiert. Solche Lokale sind selten geworden in Madrid, aber glücklicherweise gibt es sie noch.

103 [D4] **Las Cuevas de Sésamo,** Príncipe 7. Die Wände des Gewölbekellers sind mit Zitaten großer spanischer Dichter und Denker dekoriert. Die Spezialität des Hauses, Sangría, schmeckt gut und ist nicht mit jenem Gesöff zu vergleichen, das man in den Touristenfallen rund um die Plaza Mayor anbietet.

104 [E4] **Taberna de Dolores,** Plaza de Jesús 4. Blau-weiße Kacheln an der Außenwand, stilvolles Interieur und Leute, die am langen Tresen zu marinierten Sardellen und Anchovis gerne mal einen guten Wein ordern. Nicht teuer.

105 [D1] **Tupperware,** Corredera Alta de San Pablo 26. Schon die Außenfassade dieser Bar im Stadtviertel Malasaña macht klar, warum drinnen die Barbie-Puppen im Fernseher tanzen. Eingerichtet wie eine futuristische Taverne der 1970er-Jahre. Hier ist bis drei Uhr morgens viel los.

106 [D4] **Viva Madrid,** Manuel Fernández y González 7. Im Sommer steht man vor der schönen Kachelfassade, die auch als Postkartenmotiv dient. Ein bunt gemischtes Publikum lässt hier Madrid hochleben – „Viva Madrid" eben. Angeblich sind die hiesigen Mojitos die besten der Stadt.

Discos und Tanzbars

107 [B5] **Berlin Cabaret,** Costanilla de San Pedro 11, www.berlincabaret.com, 23 – 6 Uhr. Nachts um 1.30 Uhr treten hier tanzende Transen, schräge Magier oder Kabarettisten auf. Die Disco mit Kulturprogramm ist ein Highlight, keine Frage, die DJs klasse und die Location sowieso.

108 [D5] **El Juglar,** Lavapiés 37, www.salajuglar.com, 21 – 3 Uhr. Rockmusik

Smoker's Guide

Das **Rauchverbot** in Spanien gilt als eines der strengsten Europas. Bisher wurde es eher locker gehandhabt. Das hat sich mit dem Gesetz vom 2. Januar 2011 jedoch geändert. Untersagt ist das Rauchen weiterhin in allen **öffentlichen Gebäuden** und seit Anfang 2011 auch vor Krankenhäusern, in Klinik-Innenhöfen und auf Spielplätzen. Außerdem ist in allen **Gaststätten, Bars, Restaurants und Kneipen** das Rauchen verboten. Eigens eingerichtete Raucherräume darf es hier auch nicht mehr geben. Dafür dürfen **Hotels** Raucherzimmer und Raucherräume anbieten.

Madrid am Abend

La Marcha
Wörtlich „der Marsch", gemeint ist aber das gute Ambiente bei der Kneipentour. *Marcha* wird „martscha" ausgesprochen.

ist in Lavapiés' beliebter Bar besonders gefragt, es gibt aber auch Rumba, Jazz und Soul. Konzerte ab etwa 21 Uhr, nach Mitternacht oft Salsa aus der Dose.

109 [C3] **Joy Eslava**, Arenal 8, 23–5, Fr/Sa bis 6 Uhr, www.joy-eslava.com. Erst in den frühen Morgenstunden beginnt in dem ehemaligen Theater die Party – dann aber richtig. Viel Livemusik. Auf der Website bekommt man schon einen guten Eindruck davon, was einen erwartet.

110 [F5] **Kapital**, Atocha 125, www.grupo-kapital.com, Do–Sa 24–6 Uhr. Megadisco mit unterschiedlicher Musik auf sieben (!) Stockwerken: Sound von Alejandro Sanz über Brit-Rock bis Salsa und Merengue, außerdem Karaoke, Livebands, Spiele. Viele, die hier abtanzen, sind seit Kurzem stolze Besitzer eines Mopeds.

111 [E4] **La Boca del Lobo**, Echegaray 11. Im kleinen, gemütlichen „Wolfsmaul" gibt es Drinks, gutes Bier und gelegentlich Livemusik. Aus der Dose kommen R&B, Reggae, Funk, Afro, Rock 'n' Roll, kubanischer Son, Mambo, Salsa, Swing, Flamenco, mexikanische Rancheras und argentinische Boleros. Alternatives, etikettenfreies Ambiente.

112 [E1] **Pachá**, Barceló 11, Do–Sa 23.30–6 Uhr. Die mandeläugigen Schönheiten und gegelten Gockel Madrids lieben ihre Traditionsdisco über alles. Soll keine Kritik sein, die Musik ist ein toller Mix aus Funk, Soul und Ibiza-Sound. Turnschuhe sehen die humorfreien Türsteher bei den Gästen natürlich gar nicht gern.

113 [C4] **Palacio Gaviria**, Arenal 9, Do–Sa 23–5 Uhr. Spiegelbehangener Plüschpalast mit Flair mitten im Zentrum, diverse Musikrichtungen, viel Paartanz, Cocktails und allein wegen der Einrichtung einen Besuch wert. Besonders bei Studenten und der Schickeria beliebt und – unter uns – auch ein ziemlicher Anmachschuppen.

114 [E3] **Room at Stella**, Arlabán 7, www.theroomclub.com, Di–Sa 1–6 Uhr. Stadtbekannte DJs, beeindruckende Videoprojektionen und ein Musikmix aus New Wave, Funk und House.

115 [E3] **Studio 54**, Barbieri 7, Do–Sa 23.30–3 Uhr. Eine der neuesten Schwulendiscos der Stadt. Grandios kitschiges Design und Musik, wie sie auch im New Yorker Studio 54 vom Band läuft.

Jazz

116 [D4] **Café Central**, Plaza del Angel 10, tgl. 13–2.30, Fr und Sa bis 3.30 Uhr, www.cafecentralmadrid.com. Stimmungsvolle Jazzkneipe mit täglichen Auftritten großer und kleiner Jazzmeister ab 22 Uhr. Bei bekannten Musikern sollte man rechtzeitig dort sein, sonst sind die wenigen Sitzplätze an den Tischen besetzt.

117 [bi] **Clamores**, Alburquerque 14, www.salaclamores.com, Auftritte ab 22 Uhr. Jazz und Blues, ausgesprochen *bohème* das Ganze, Livesound für Anspruchsvolle.

118 [C3] **El Berlin Jazz Café**, Jacometrezo 4, www.berlincafe.es, Di–Sa 19–2.30 Uhr. Konzerte von Bands aus dem In- und Ausland, bei Insidern beliebt.

Rock

119 [A5] **Contraclub**, Bailén 16, www.contraclub.es, Di–Sa 22–5 Uhr. Alternatives Publikum, gute Live-Rockbands, vor allem aus Madrid selbst, ab und zu auch Flamenco. Ansonsten legen DJs alles auf, was richtig kesselt.

Salsa

⊕**120** [H6] **Azúcar,** Paseo de la Reina Cristina 7, Di–So 22–6 Uhr. Kleiner, aber angesagter Salsaklub östlich des Atocha-Bahnhofs, an Wochenenden gut gefüllt, aber ab 3 Uhr morgens hat man mehr Platz zum Tanzen – also vor allem etwas für echte Nachttänzer.

⊕**121** [D4] **La negra tomasa,** Cadiz 9, Ecke Espoz y Mina, 23–4 Uhr. Tagsüber ein preiswertes kubanisches Restaurant, nachts eine angesagte Salsa-Bar, häufig mit vier bis fünf Musikern auf der kleinen Bühne. In einer Ecke sitzt manchmal eine lebenserfahrene, kubanische Wahrsagerin, die aussieht, als sei sie direkt einer Zigarrenfabrik in Havanna entsprungen.

⊕**122** [C3] **Larios Café,** Silva 4, tgl. 21–5 Uhr. Nachts oft Livemusik, bei der das Publikum richtig abtanzt. Stilvolles Ambiente, kubanische und spanische Küche, Getränke Typ Cóctel Criollo und Margarita.

⊕**123** [C3] **Oba Oba,** Jacometrezo 4, 23–5 Uhr, obaobabardiscoteca.es. *Música brasileira,* oft live, geräumig und perfekt zum Tanzen. Vormittags verabreden sich die Latinos der Stadt schon in ihrer Markthalle Los Mostenses (s. S. 22) für den Abend hier. Saaaamba …!

Flamenco

⊕**124** [C5] **Artebar,** San Bruno 3, Tel. 615115627, www.artebarlalatina. com. Multikulturelle Szenebar mit kleiner Bühne im Kiez von La Latina. Ab und zu ab 22 Uhr Flamencoaufführungen jenseits des Mainstreams (Infos siehe Website), aber auch Soul- und Latin-Musik. Die „Kunstbar" vermittelt zudem Flamencotanzkurse.

⊕**125** [E4] **Cardamomo,** Echegaray 15, Tel. 913690757, www.cardamomo.es, Eintritt für Shows ab 10 €. Täglich bietet das Cardamomo ab 22 Uhr stilechte Flamencoshows in einem ziemlich dunklen Raum mit waschechtem Ambiente.

◠ *Zwei Berlinerinnen inmitten des legendären Madrider Nachtlebens*

126 [D5] **Casa Patas,** Cañizares 10, www.casapatas.com, So, Mo und im August geschlossen. Die geräumige Taverne mit hohen Säulen birgt in ihrem Hinterzimmer eine Flamencobühne der Extraklasse. Der Saal ist schlicht und zu fast jeder Vorstellung gut gefüllt, statt Pomp und Glitzer gibt es hier Flamenco pur. An Wochenenden vor Mitternacht sitzen Besucher, Freunde und die Künstler noch in der Taverne bei einem Happen und einem Glas Wein, bis die Stunde schlägt. Hier muss man keinen Tisch bestellen, für die Vorstellung aber schon. Sie beginnt Mo–Do um 22.30, Fr und Sa 21 und 24 Uhr und kostet rund 30 €.

127 [A5] **Corral de la Morería,** Morería 17, www.corraldelamoreria.com, Tel. 913658446, 22–3 Uhr. Gleich an der Terrasse Las Vistillas liegt eine der bekanntesten *Tablaos,* wie die Restaurants mit Flamencodarstellung heißen. In dem geräumigen Saal treten vorwiegend andalusische Flamencokünstler auf. Die hohe Qualität der Aufführung wird durch das touristische Publikum etwas beeinträchtigt, das gerne mal an der falschen Stelle *Olé* ruft. Spanische Gäste sieht man kaum. Für einen Abend muss man locker mit 60 € rechnen.

128 [A2] **Las Tablas,** Plaza de España 9, Tel. 915420520, www.lastablasmadrid.com. Flamencovorstellungen ab 22.30 Uhr, Fr und Sa auch schon um 20 Uhr, auch Blues, Jazz, Theater und Fotoausstellungen (Vorführung ab rund 30 €).

129 [D4] **Villa Rosa,** Plaza Santa Ana 15, Tel. 915213689, www.villa-rosa.es. Eine filmreife Kitschtaverne, sehr geräumig und mit Holztischen ausgestattet. Die Gäste können sich gar nicht sattsehen an den klassischen Kachelmotiven von tanzenden Gitanas und weinseligen Bauern. Die Küche ist auf Tapas spezialisiert, aus urigen Weinfässern kommt der Vino Tinto, die Kellner schneiden hauchdünne Schinkenscheiben auf Teller und in der Hauptsaison ist hier die Hölle los. Lange war das Villa Rosa eine beliebte Disco, ist inzwischen aber zu seinen Wurzeln zurückgekehrt. Täglich um 21 und 23 Uhr gibt es halbstündige Flamencoshows. Das Villa Rosa ist eines der beliebtesten Tablaos ganz Spaniens.

Klassik

130 [D4] **Salón del Prado,** Prado 4. Eine eher bürgerliche Café-Bar mit klassischer Musik und abends vielen Liveauftritten von Musikstudenten und Nachwuchsmusikern.

026md Abb.: ps

▷ *Moderne Flamencoaufführung*

Cocktails

131 [E3] **Chicote** €€, Gran Vía 12, www.museo-chicote.com, So geschlossen. Eine der ganz traditionellen Bars, die einst der legendäre, gleichnamige Barkeeper des Grandhotels Ritz gründete. Das war 1931 und die Schwarz-Weiß-Fotos bezeugen noch heute die alten Tage. Unter uns: Die Tatsache, dass Hemingway hier schon seinen Daiquiri trank, ist heute wohl herzlich egal, auch wenn das alle schreiben (ich eingeschlossen, wie man sieht).

132 [E3] **Gift,** Plaza Vázquez de Mella 12. Das Gift liegt im Kiez des Stadtviertels Chueca. Designerbar mit kuriosen Farben und Lichteffekten, Lounge-Ecke und guter Drinkauswahl.

133 [E4] **Glass Bar,** Carrera de San Jerónimo 34, 22.30–3 Uhr. Freiluftbar des Designerhotels Urban, die auch für Nichtgäste geöffnet ist. Die Drinks sind soweit ganz nett, der Blick auf die Dächer Madrids aber der eigentliche Grund, warum sich der Besuch lohnt.

Theater und Konzerte

Die Theaterszene vom Boulevardtheater bis zur klassischen Aufführung ist für den Besucher **sprachlich nicht leicht zu verstehen.** Das gilt besonders für Humoristisches oder Avantgardistisches, wie es die Revuetheater bieten. Junge Theaterensembles treten in den Kulturzentren La Casa Encendida und Matadero auf. Zu den traditionelleren Adressen zählt das Teatro Español mit klassischen und vielfach modernen und aktuellen Stü-

Kulturkino

*Das Cine Doré aus dem Jahr 1923 ist **eines der ältesten Kinos** der spanischen Hauptstadt. Für wenig Geld konnte man ab nachmittags bis tief in die Nacht ununterbrochen Stummfilme sehen. Zur Pianomusik gab es Sonnenblumenkerne („pipas"), daher nannte man das Kino bald „palacio de las pipas". 1963 machte es dicht, doch seit 1989 ist in dem renovierten Gebäude die Filmoteca Española untergebracht. Das vom Kulturministerium organisierte Kino zeigt Filme zu einzelnen Themenschwerpunkten, die in den Kinos der Gran Vía nicht auf die Leinwand kommen. Filmreihen zu lateinamerikanischem Kino oder zu Western stehen genauso auf dem Programm wie Schwarz-Weiß-Stummfilme. Ein in der Filmoteca ausliegendes Programmheft informiert über die jeweiligen Vorführungen, der Eintritt ist spottbillig. In der Eingangshalle gibt es ein Café-Restaurant (mit Mittagsgerichten), der angegliederte Buchladen ist eine Fundgrube für alle Film- und Kinoliebhaber.*

*Ein Besuch lohnt sich schon allein wegen der **schön renovierten Innenräume:** Der ganz in blau gehaltene große Saal mit seinen vielen kleinen Glühbirnen entlang der oberen Ränge ist eine interessante und gelungene Kombination aus ehrbar altem und mutig-neuem Design. Im Sommer findet nach Sonnenuntergang **Freiluftkino im Innenhof** statt.*

137 *[E5]* ***Filmoteca Española,*** *Santa Isabel 3, Tel. 913691125, tgl. mehrere Vorstellungen, Verkauf von Eintrittskarten 15.30–22.45 Uhr, Mo geschlossen. Öffnungszeiten: Café-Restaurant 13–1 Uhr (Mittagstisch 13.30–16 Uhr), Buchladen 16.30–22.30 Uhr*

cken. Daneben finden Stücke spanischer und ausländischer Autoren im Nationaltheater „María Guerrero" immer wieder Beifall (mittwochs halber Preis). Die besten Konzerte bietet das Auditorio Nacional, die besten Opern wiederum das Teatro Real nahe dem Königspalast.

134 [ch] **Auditorio Nacional de Música,** Príncipe de Vergara 146, Tel. 913370140, www.auditorionacional. mcu.es. Hier tritt vor allem Madrids Orquestra Sinfonía (www.osm.es) auf, dessen Konzerte sehr angesehen sind.

135 [D6] **La Casa Encendida,** Ronda de Valencia 2, Tel. 902488488 (Karten), www.lacasaencendida.es, 10–22 Uhr. Die Casa Encendida in einem alten Industriegebäude bietet neben Konzerten (Rock, Jazz, Folk) auch Theatervor-

führungen. Sehr günstige Karten, junges Publikum, das im „angezündeten Haus" voll auf seine Kosten kommt.

136 [bk] **Matadero Madrid,** Paseo de la Chopera 14, Tel. 915179556, www. mataderomadrid.com, Di–Sa 16–22, So 11–22 Uhr. Einst Schlachthof, heute Kulturzentrum, auch mit Theaterbühnen und Kinos. Die ausgesprochen experimentellen Projekte werden von der Stadt subventioniert.

▷ *Straßenkünstler im Kiez des Stadtviertels Lavapíes*

⟳**138** [E3] **Teatro de la Zarzuela,** Jovellanos 4, Tel. 915245400, http://teatrodelazarzuela.mcu.es. Zarzuela-Aufführungen gibt es hier vor allem im November und Dezember, ansonsten werden in dem schönen Saal Ballett und Tanztheater geboten.

⟳**139** [D4] **Teatro Español,** Príncipe 25 (Plaza Santa Ana), Tel. 902101212, www.teatroespanol.es. Das Theater im majestätischen Bau direkt an der belebten Plaza Santa Ana spielt vor allen Dingen spanische Klassiker wie Lope de Vega oder Gutiérrez.

⟳**140** [F2] **Teatro María Guerrero,** Tamayo y Baus 4, Tel. 913102949, http://cdn.mcu.es. Für Qualität bürgt das Centro Dramático Nacional. Die Kritiken in der Presse sind manchmal fast so enthusiastisch wie die Sportkommentare beim Sieg von Real über Barça.

⓫ [B3] **Teatro Real (Oper),** Plaza de Oriente, Tel. 902244848 (Kartenbüro), www.teatro-real.com, Kartenreservierung Mo–Sa 10–20 Uhr. Opern, Operetten und Ballett gibt es im rundernneuerten Teatro Real, das als eine der technisch und akustisch besten Opern Europas gilt.

Kartenvorverkauf

> **FNAC,** Plaza de Callao s/n [C3]: Karten für Rock und Popkonzerte

> **Teatro Real:** Opernkarten unter Tel. 902244848

> **Servicaixa:** Konzerte, Theater, Fußball, Tel. 902332211

•**141** [C3] **Localidades Galicia,** Plaza de Carmen 1, Tel. 915312732, www.bullfightticketsmadrid.com. Karten für Theater, Stierkampf und Fußball.

> **Stierkampf-Karten** erhält man an der Straße Calle de la Victoria [D4].

O27 md Abb.: tb

028md Abb.: tb

Madrid für Kunst- und Museumsfreunde

Madrid bietet eine beeindruckende Auswahl an Museen und Kunstzentren und damit man den Überblick nicht verliert, sind hier nur die besten und originellsten aufgeführt.

Ein absolutes Muss ist das Gemälde „Guernica" (im Museum Reina Sofía) ebenso wie die Gemäldevielfalt der genialen einstigen Hofmaler Goya und Velázquez.

Die Top-5-Gemälde

Hier eine – zugegeben subjektive – Auswahl der fünf sehenswertesten Gemälde in Madrid:

❯ **Guernica** von Pablo Picasso, im Museo Reina Sofía ⓲ , 2. Stock, Saal 7. Das Antikriegsbild ist Picassos berühmteste Arbeit.

❯ **Die Hofdamen** von Diego de Velázquez, im Prado ㉒ , Saal 12. „Las Meninas" gilt als *das* Meisterwerk der spanischen Kunst.

❯ **Der Garten der Lüste** von Hieronymus Bosch, im Prado ㉒ , Saal 9a. Boschs

Triptychon ist bis ins Detail schaurig und sündhaft gut.

❯ **Die Erschießung der Aufständischen** von Francisco de Goya, im Prado ㉒ , Saal 39. Eindringliche Darstellung der blutigen Niederschlagung eines Madrider Aufstands durch die französischen Besatzer im Jahr 1808.

❯ **Traum, verursacht durch den Flug einer Biene um einen Granatapfel …** von Salvador Dalí, im Thyssen-Bornemisza ㉑ , Saal 47. Surrealismus pur inklusive eines Fisches, der kurzerhand einen Tiger schluckt.

Museen

❷ [D3] **Akademie der Schönen Künste (Real Academia de Bellas Artes).** Eine schöne, weil überschaubare Alternative zum Prado mit hochkarätigen Werken. In den Ateliers der Akademie entstanden auch die Radierungen „Los caprichos" von Goya. Seine im Goya-Saal ausgestellten Werke gehören zu den Hauptattraktionen des Museums. Neben den spanischen Meistern des 17. Jh., Ribera, Zurbarán, Murillo und Velázquez, hängen dort auch die berühmten Porträts von Anton Raphael Mengs sowie Werke von van Dyck und Rubens.

142 [bh] **Amerika-Museum (Museo de América),** Avenida de los Reyes Católicos 6, Metro: Moncloa, Mai–Okt. Di–Sa 9.30–20.30, So 10–15 Uhr, sonst Di–So 10–15 Uhr, http://museodeamerica. mcu.es, Eintritt: 3 €. Das Museo de América zeigt eine reiche Sammlung der spanischen Kolonialgeschichte von der Entdeckung Amerikas 1492 durch Kolumbus bis ins 19. Jh. Beeindruckend ist die Kunst der alten Zivilisationen Kolumbiens, Mexikos und Perus, darunter der Goldschatz der ausgerotteten Quimbaya-Indios, den Kolumbien der spanischen Regierung im Jahr 1892 schenkte. Zu den größten Schätzen gehören auch die religiösen Kalenderfaltbücher für das 260-Tage-Jahr der Mayas aus der Zeit der Eroberung Mexikos.

143 [G2] **Archäologisches Museum (Museo Arqueológico Nacional),** Serrano 13, Metro: Colón oder Serrano, http:// man.mcu.es, Di–Sa 9.30–20, So 9.30– 14.30 Uhr, Eintritt 3 €. **Das Museum ist noch voraussichtlich bis Sommer 2014 wegen Renovierungsarbeiten geschlossen.** Im Museo Arqueológico Nacional sind römische Mosaike, Elfenbeinkruzifixe, maurische Zierkunst, alte Münzen und martialische Waffen zu sehen. Die

Museen, die mit einer magentafarbenen Nummer (**❷**) als Hauptsehenswürdigkeit ausgewiesen sind, werden im Kapitel „Madrid entdecken" ausführlich beschrieben. Dort finden sich auch alle praktischen Informationen wie Adresse, Öffnungszeiten usw.

Säle zur Frühgeschichte zeigen Fundstücke von den Balearen und den Kanarischen Inseln, aus Nordafrika, dem Nahen Osten und Italien. Besonders rätselhaft ist die Kalksteinbüste „Dama de Elche" in Saal 20. Das lächelnde Frauengesicht mit dem aufwendigen Kopfschmuck soll um 475 v. Chr. an der spanischen Mittelmeerküste bei Elche entstanden sein, doch niemand weiß genau, ob sie eine Todesgöttin oder doch eine Hohepriesterin darstellt. Für Fans der Steinzeit ist die Reproduktion der Altamira-Höhle im Museumsgarten interessant. Die über 15.000 Jahre alten Felsmalereien der Höhle nahe Santander (dargestellt sind Bisons, Hirschkühe, Wildschweine ...) sind detailgetreu nachgestellt.

144 [bg] **Blindenmuseum (Museo Tiflológico),** La Coruña 18, Metro: Estrecho, http://museo.once.es, Di–Fr 10–14, 17–20 Uhr, Eintritt frei. Das etwas vom Zentrum entfernte Museum zeigt eine Sammlung berühmter, ertastbarer Miniaturgebäude und anderer Gegenstände aus ganz Spanien. Hier können sich auch Sehende mit geschlossenen Augen führen lassen, um ihren Tastsinn zu prüfen, etwa an Modellen wie dem Aquädukt

◁ *Museo Reina Sofía* **⑲**, *neben Prado* **㉒** *und Thyssen-Bornemisza* **㉑** *das kulturelle Highlight der Stadt*

Goya: Hof- und Horrorbilder

*Seine Bilder reichen von verspielten Rokokoszenen über Porträts des Hochadels bis hin zu nackten Frauen, sabbernden Hexen, schießwütigen Soldaten und Jupiter, der seine Söhne frisst. Wer so vielfältig malt, kann in keiner monotonen Welt gelebt haben, und tatsächlich: Francisco de Goya (1746–1828) war **Zeuge einer der wechselhaftesten und dramatischsten Perioden spanischer Geschichte**. In seinen jungen Jahren prägte der rational denkende Carlos III. das Land. Als er im Alter von 40 Jahren Hofmaler wurde, waren unter Carlos IV. unruhige Zeiten angebrochen, die schließlich in Fremdbesetzung und Bürgerkrieg mündeten. Und als alter Mann litt er unter dem sturen, autoritären Fernando VII., was ihn ins Exil nach Frankreich trieb.*

Der Sohn eines Vergolders nahm erste Malkurse in Zaragoza nahe seinem Geburtsort Fuendetodos. Mit 17 kam er nach Madrid und bewarb sich in der Akademie der Schönen Künste, wo er prompt durchfiel. Die Akademie ließ ihn drei Jahre später erneut durchfallen – niemand ahnte, dass man den zukünftigen Direktor vor sich hatte. Goya reiste wütend und auf eigene Faust nach Italien. Nach der Rückkehr bekam er erste größere Aufträge, heiratete Josefa Bayeu und ließ sich von seinem Schwager, dem Maler Francisco Bayeu, eine Anstellung in der Königlichen Teppichfabrik besorgen. Die Bilder aus dieser Zeit sind niedlich und verspielt, aber er konnte auch damals schon anders. So zeigt „Die Hochzeit" („La Boda") ein frisch vermähltes Paar: sie blutjung und

hübsch, er alt, reich und ausgestattet mit dem Kopf eines Affen. Bald schon malte er auch einflussreiche Männer, darunter den Staatsmann Jovellanos, den Bankier Cabarrús, den Richter Valdés und den Dramaturgen Moratín. Mit ihnen traf sich der Mann aus einfachen Verhältnissen zu Diskussionsrunden über Aberglaube und Ignoranz. Und dass er malen konnte, sprach sich am Palast schnell herum.

*Goya wurde **Hofmaler**. Er fuhr inzwischen in einer vergoldeten Kutsche durch Madrid und verliebte sich in die **Herzogin von Alba,** die so viel aufregender war als seine treue, ernste Frau – und sie hatte Körbchengröße B. Die Nachwelt weiß das, weil die Herzogin beim Aktportrait „Die nackte Maja" („La Maja Desnuda") Modell lag. Aus Diskretion bekam ihr schöner Körper natürlich einen anderen Kopf, doch die **Inquisitionsrichter** interessierten sich ohnehin nur für den Bereich vom Hals an abwärts. Ein solches Bild zu malen war in dieser bigotten Zeit lebensgefährlich. Seine übermächtigen Freunde waren es schließlich, die Goya den Kopf aus der Schlinge zogen.*

*Als er seine Geliebte malte, quälte ihn bereits eine rätselhafte Krankheit, an der er nahezu ertaubte. Fünf seiner sechs Kinder waren inzwischen gestorben. Ein anderer, ein bissiger Goya trat in Erscheinung, der **Monster und Kupplerinnen** zeichnete und sie als **„Caprichos"** mit einem eigenen Radierungsverfahren unter die Leute brachte. Auch darauf wurde die Inquisition aufmerksam.*

*Goya **verehrte Rembrandt und Velázquez**. In seiner Hochphase entstand* *das 2,80 x 3,36 m große Kunstwerk „La Familia de Carlos IV". Darin erscheint Königin Luisa als herrschsüchtig und nicht wirklich vorteilhaft. Dem König ist die Dummheit unverhüllt ins Gesicht gemalt. Und der Infant Francisco zwischen dem Paar trägt deutlich die Züge Godoys, mit dem die Königin ein Verhältnis hatte. Der Hofmaler wurde wahrscheinlich nur deshalb nicht davongejagt, weil Luisa in Wirklichkeit noch viel hässlicher war und der König sich hervorragend getroffen fand.*

Während des **Unabhängigkeitskriegs gegen die napoleonische Besetzung** *trat Goya dann als Zeitzeuge auf. Seine Zeichnungen von den* **Schrecken des Krieges** *(„Desastres de la Guerra") entstanden aus nächster Nähe zu den Kampfplätzen. Den Mann, der so viel von den liberalen Ideen der Franzosen hielt, entsetzte die französische Invasion zutiefst. „Der 3. Mai 1808. Die Erschießung der Aufständischen" zeigt eine anonyme Soldatenmasse, die auf den übergroßen, hell erleuchteten Körper eines Mannes zielt. Eine so schreiende Anklage gegen den Krieg ist auf seine Weise wohl erst wieder Picasso mit „Guernica" gelungen.*

Goya war allein, seine Freunde tot. Er schloss sich in seine Finca am Manzanares ein und malte zwischen 1819 und 1823 **Visionen, Angst und Schrecken** *auf den Putz der Innenwän-*

de. Er lebte mit ihnen, sie bedeuteten ihm viel. Ein Kunstliebhaber hat sie später auf Leinwand übertragen. Im Prado die Treppe des Südflügels hinunter hängen sie im Erdgeschoss als **„Schwarze Gemälde"** *(„Pinturas Negras"). Lebewesen fliegen auf einen Berg zu, während Soldaten auf sie zielen. Hexen tanzen um einen Geißbock in Mönchskutte. Und dann seine Haushälterin in Schwarz an seinem eigenen Totenbett.*

Aber Goya, inzwischen 77, starb noch nicht. Er ging nach Bordeaux, wo er seine letzten Jahre verbrachte. Kurz vor seinem Tod verblüffte er seine Nachwelt noch einmal. Er malte „Das Milchmädchen von Bordeaux", eine ausgeglichen wirkende, schöne Frau in leuchtend reinen Farben, ein klarer Vorläufer des Impressionismus – und wohl auch eine letzte Aussöhnung mit dem Leben.

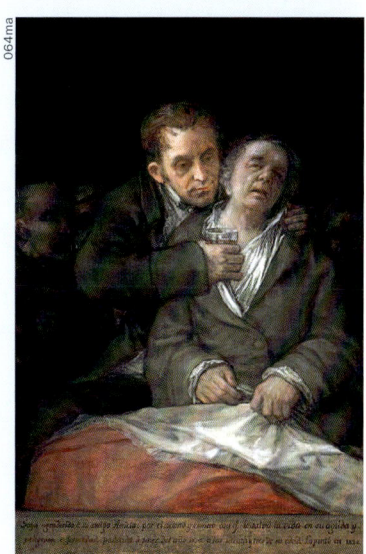

064ma

▷ *Selbstbildnis des berühmten Malers mit seinem Arzt Dr. Arrieta*

52 Auf ins Vergnügen

Madrid für Kunst- und Museumsfreunde

von Segovia, dem Escorial, der Frauen-
büste Dama de Elche oder dem Madrider
Stadttor Puerta de Alcalá. Gemälde blin-
der oder in der Sicht stark beeinträchtig-
ter Künstler sind ebenfalls ausgestellt.
Das Museum ist im Besitz der Blindenorganisation ONCE, deren Mitglieder
überall in der Stadt die Lottoscheine der
ONCE verkaufen und dabei laut rufen:
para hoy („für heute").

145 [G3] **Kunstgewerbemuseum (Museo
de Artes Decorativas),** Montalbán 12,
http://mnartesdecorativas.mcu.es,
Di–Sa 9.30–15 (Do auch 17–20), So
10–15 Uhr, Eintritt: 3 €, Do 17–19 gratis. Das Museo de Artes Decorativas zeigt
Möbel, Keramik, Uhren und Wandteppiche sowie eine Sammlung arabischer
Kunst und Dekorationsstücke aus verschiedenen spanischen Regionen.

146 [ch] **Lazaro-Galdiano-Museum,**
Serrano 122, Metro: Ruben Darío, www.
flg.es, Mo und Mi–Sa 10–16.30, So
10–15, Eintritt 6 €, So 14–15 Uhr gratis. Das Museum Lázaro Galdiano ist
eine Privatsammlung des gleichnamigen
Finanzmaklers. Dem spanischen Staat

vererbte der Mann eine schier uner-
schöpfliche Sammlung von rund 9000
Gegenständen, darunter Waffen, Münzen, Möbel, Gobelins, Kristallschalen
aus der Zeit der Antike bis zum 19. Jahrhundert. Unter der verwirrenden Vielfalt
sind die Gemälde am interessantesten,
obwohl einige Bilder angeblich falschen
Namen zugeschrieben wurden. Spanier wie Velázquez, Zurbarán und Goyas
Hexenszenen, gemalt zwischen 1797
und 1798, hängen in den Sälen 23 und
24. Neben Niederländern (Bosch, van
Dyck u. a.) hat der Finanzmakler für spanische Verhältnisse erstaunlich viele
Engländer zusammengetragen, darunter
Gainsborough, Reynolds, Hoppner und
Constable.

147 [B1] **Museo ABC,** Amaniel 29,
Metro: San Bernardo, http://museo.abc.
es, Di–Sa 11–20, So 10–14 Uhr, Eintritt frei. Wo einst Bier der Marke Mahou
gebraut wurde, steht heute ein Kunstmu-
seum für historische und aktuelle Zeichnungen (mit schönem Café!). Der hochmoderne Bau der Zeitung ABC entstand
auf dem Reißbrett der Architekten Aran-
guren & Gallegos.

148 [A2] **Museo Cerralbo,** Ventura
Rodríguez 17, Metro: Ventura
Rodríguez oder Plaza España, http://

⌂ *Rückansicht des weltberühmten
Museo del Prado* 22

Madrid für Kunst- und Museumsfreunde

museocerralbo.mcu.es, Di–Sa 9.30–15, So 10–15 Uhr, Eintritt: 3 €. In dem vollständig erhaltenen Palast des Marquéz Cerralbo ist seit 1924 das Museo Cerralbo eingerichtet. Es vermittelt einen Eindruck davon, wie Adelsfamilien um 1900 lebten. Die Ausstellungsstücke reichen von archäologischen Funden aus der Phönizierzeit bis zu Geschirr aus der königlichen Porzellanfabrik. Daneben sind Teppiche, Möbel und Geld aus unterschiedlichen Epochen zu sehen. Besonders wertvoll sind die Ölgemälde spanischer Meister wie Goya und Zurbarán.

28 [D1] **Museo de Historia.** Modernes Museum zur Geschichte der Stadt mit vielen detaillierten Karten und Ausstellungsstücken.

22 [F4] **Museo del Prado.** Das Prado-Musuem gehört zu den wichtigsten Gemäldesammlungen der Welt und bietet dem Betrachter Tausende Gemälde aus dem europäischen Mittelalter bis etwa 1850. Hier hängen Highlights wie der „Garten der Lüste" von Bosch und die „Hofdamen" von Velázquez.

19 [F6] **Museo Nacional Centro de Arte Reina Sofía.** Das Reina Sofía zeigt zeitgenössische Malerei und Kunst des 20. Jahrhunderts. Auch das bekannte Bild „Guernica" von Picasso ist hier ausgestellt.

149 [bi] **Museo Sorolla,** Paseo del General Martínez Campos 37, http:// museosorolla.mcu.es, Di–Sa 9.30–20, So 10–15 Uhr, Eintritt: 3 €, So gratis. Das Museum ist in einem Wohnhaus mit mehreren ruhigen Gärten untergebracht, in dem der berühmte valencianische Maler Sorolla bis zu seinem Tod 1923 lebte. Seine idyllischen, impressionistischen Bilder zeigen schöne Frauen, schlafende Mütter, neugierige Wissenschaftler, blühende Landschaften und ihn selbst. In den Räumen sieht man auch alte Fotos und Kleidungsstücke,

die der Maler während seiner vielen Reisen trug.

21 [F4] **Museo Thyssen-Bornemisza.** Das Thyssen-Bornemisza beherbergt die wichtigste private Kunstsammlung Madrids. Zu den 775 Werken gehören Originale von El Greco, Picasso und Dalí.

150 [F2] **Wachsfigurenkabinett (Museo de Cera),** Paseo de Recoletos 41 (an der Plaza de Colón), im Gebäude Centro Colón. Metro: Colón, www.museoceramadrid.com, Mo– Fr 10–14.30, 16.30–20.30, Sa/So 10–20.30 Uhr, Eintritt: Erwachsene 17 €, Kinder bis 10 Jahre 12 €. Kaum ein Museum muss so häufig aktualisiert werden wie das Museo de Cera. Einige sind schon länger da, darunter Miguel de Cervantes beim Schreiben des „Don Quijote" und die Protagonisten des berühmten Goya-Gemäldes „Die Erschießung der Aufständischen". Daneben gibt es selbstverständlich Toreros, Kriminelle, Diktatoren, Philosophen und Rockstars, eine Multimediashow zu Spaniens Geschichte und einen „Grusel-Zug", in dem man sich fast so gruselt wie beim Eintrittspreis. Mit der Madrid Card (s. S. 18) kommt man umsonst hinein.

Kulturzentren

23 [F5] **Caixa Forum.** Das Kulturzentrum liegt zwischen den wichtigsten Museen der Stadt. Es erschlägt einen nicht mit Kunst, sieht gut aus und kostet nichts.

●151 [B1] **Centro Cultural Conde Duque,** Conde Duque 9, Tel. 915885834, www.condeduquemadrid.es, 10–22 Uhr, Eintritt meist gratis, manche Konzerte in der Regel allerdings nicht. Vor 250 Jahren bot die Kaserne mit 20.000 m² viel Platz für Soldaten, heute gibt es hier Kunst und Livemusik. Auf der Website (spanisch) stehen die aktuellen Termine. Das Centro Cultural ist auch ein gewaltiges Archiv: Hier fahn-

Madrid für Kunst- und Museumsfreunde

EXTRATIPP

Panteón de Goya

Goya malte 1798 die Kuppel der Kapelle Ermita de San Antonio de la Florida aus, die wegen seiner Grabstätte hier auch „Panteón de Goya" heißt. Die Bilder gehören zu den wenigen, die man am Originalschauplatz besichtigen kann, und zeigen die Wunder des heiligen Antonius. Der soll einen Mann aus dem Grab auferstehen lassen haben, der fälschlicherweise wegen Mordes hingerichtet worden war. Spannend ist die Madrider Menschenmenge, die der Maler mit viel Realismus in die Szenerie einbaute. Übrigens: Goya wurde hier ohne Kopf bestattet, dieser ging beim Leichentransport von Bordeaux nach Madrid wohl für immer ungeklärte Weise verloren.

ii152 [bi] **Ermita de San Antonio de la Florida**, Glorieta de San Antonio de la Florida, Di–Fr 9.30–20, Sa/So 10–14 Uhr, Eintritt frei

EXTRATIPP

Templo de Debod

Der kleine ägyptische Tempel aus dem 4. Jh. v. Chr. war ursprünglich am Nil zu Ehren des Gottes Ammon errichtet worden, heute steht er im Montaña-Park am Paseo del Pintor Rosales. Ägypten vermachte ihn der Stadt als Geschenk, weil die Spanier unter anderem dabei geholfen hatten, den berühmten Felsentempel von Abu Simbel vor dem Hochwasser des Nasser-Sees zu retten. Hintergrund war der Bau des Assuan-Staudamms in den 1960er-Jahren. 1968 wurde der südägyptische Tempel Stein für Stein abgebaut und in Madrid wieder aufgebaut. Im Innern sieht man neben Hieroglyphen von Pharaonen auch alte Fotografien, die den Wiederaufbau in Spaniens Hauptstadt dokumentieren.

★153 [A2] **Templo de Debod**, Okt.–März Di–Fr 9.45–13.45 und 16.15–18.15 Uhr, Sa/So 9.30–20 Uhr, April–Sept. Di–Fr 10–14 und 18–20 Uhr, Sa/So 9.30–20 Uhr, Eintritt frei

den die Madrilenen nach ihren Vorfahren und klicken sich durch digitalisierte alte Zeitungsausgaben.

❸ [E3] **Círculo de Bellas Artes**, Alcalá 42, www.circulobellasartes.com, Tel. 913605400, Ausstellungen Di–Sa 11–14 und 17–21 Uhr, So 11–14 Uhr, Cafeteria 9–1 Uhr, Fr und Sa bis 3 Uhr morgens. Der „Kreis der Schönen Künste" bietet (oft kostenlose) Kunst- und Fotoausstellungen, Workshops, Theater, Lesungen und ein besonders schönes Café im Erdgeschoss. Stadtbekannte Ereignisse des Círculo sind der Karnevals-Maskenball und die Lesungen aus dem „Don Quijote" zum Todestag von Cervantes am 23 April.

❯ **La Casa Encendida** (s. S. 46), Ronda de Valéncia 2, Tel. 902488488 (Karten), www.lacasaencendida.es, 10–22 Uhr. Die Casa Encendida in einem alten Industriegebäude bietet häufig Livekon-

zerte großer Musiker aus Rock und Pop, kostenlose Fotoausstellungen, Kunst und Theater. Auch die Terrasse ist begehbar, zwar ohne Bar, aber für ein Picknick über den Dächern von Madrid nicht schlecht geeignet.

❯ **Matadero Madrid** (s. S. 46). Auf dem Gelände des fast 150.000 m² großen Schlachthofs im Süden des Zentrums ist 2007 das größte Kulturzentrum der Stadt entstanden. Ob Theater, Tanz, Mode oder Fotoausstellungen, die meisten Events sind kostenlos.

▷ *Der Kristallpalast im Retiro-Park* ㉕

032md Abb.: tb

Madrid zum Träumen und Entspannen

Madrid ist hektisch, laut, die Abgase nerven und bei allem pulsierenden Leben ist irgendwann bei jedem die Zeit gekommen, in der man Ruhe benötigt. Hier einige Tipps zum Entspannen inmitten des Asphaltdschungels.

Arabische Bäder

Baños Arabes ist ein empfehlenswerter Hamam mit diversen Bädern, Entspannungsräumen und Massageangeboten in maurischem Ambiente. Komplettiert wird das Angebot durch ein gutes andalusisches Restaurant.
⑤154 [C4] **Baños Arabes,** Atocha 14, Ecke Plaza Jacinto Benavente, http://madrid.hammamalandalus. com, Anmeldung: Tel. 902333334, Eintritt: ca. 40 €

❯ **Retiro-Park** ㉕: Der weitflächige Stadtpark ist Madrids Oase. Es gibt viele Liegeflächen, Cafés und schöne Gehwege, vom Autolärm hört man nicht viel. Zudem ist der Retiro wesentlich grüner als die pinienbewachsene, staubtrockene Casa del Campo [ai] im Westen der Stadt.

❯ **Bahnhof Atocha** ㉖: In diesem schönen Jugendstilbahnhof ist es nur in Teilen laut, denn in das Gebäude wurde ein üppiger Palmengarten mit leisen Sprinkleranlagen integriert – ein paar Cafés gibt es auch.

❯ **Café Comercial** (s. S. 32): Das ruhige, geräumige Café Comercial an der Glorieta de Bilbao befindet sich direkt an der Metrostation Bilbao. Vor der Tür gibt es einen großen Zeitungsstand und drinnen keinen Lärm, damit man ganz in Ruhe seinen Kaffee trinken und eine längere, wohlverdiente Pause einlegen kann.

Erholungsgebiet Madrid Rio

Noch bis vor wenigen Jahren war der **Stadtfluss Manzanares** *ein eher unscheinbares Rinnsal, seine Ufer grau und der Verkehr rechts und links davon ohrenbetäubend. Selbst Enten hielten es auf dem Dreckwasser nicht aus.Stadtbesucher hätten den Manzanares nie mit der Themse oder der Seine gleichgesetzt - die meisten wussten gar nichts von dem „Fluss" in Madrid. Doch seit 2011 ist das anders. Das wichtigste Ökoprojekt der jüngeren Stadtgeschichte ist Realität geworden. Sein Name:* **Madrid Rio***. Nach über zehn Jahren Bauzeit ersetzt eine sechs Kilometer lange Grünfläche mit Strand neben dem Arganzuela-Park die brummende, stinkende Stadtautobahn M 30. Die Stadtplaner haben sie nach unten verlegt und darüber - vor allem zwischen den Brücken Puente del Rey und Puente de la Princesa - für bessere Luft 33.000 Bäume angepflanzt. Die Stadtplaner rund um den Architekten Dominique Perrault haben für fünf Aussichtspunkte und eine kurios geschwungene neue Arganzuela-Brücke gesorgt (erreichbar mit der Buslinie 18 ab Plaza Mayor), weiterhin für einen Kanal für Ruderer, Boccia-Bahnen, elf Spielplätze, Skaterpisten, einen Kletterparcour und einen zehn Kilometer langen Radweg (Radverleih an der Puente del Rey, www.mibikerio.com). Spaziergänger laufen am Besten ab der Manzanares-Brücke Puente del Rey hinter dem Königspalast* **9** *nach Süden, vorbei an der ältesten Brücke Madrids, der Puente de Segovia, und dann weiter Richtung Süden bis zum Highlight des neuen Erholungsgebiets von Madrid: der Grünanlage Parque de Arganzuela mit ihrem schönen Aussichtspunkt (Mirador) mit Blick auf das Stadtzentrum.*

Doch nicht nur ökologisch wurde gedacht, sondern auch sozial. Mehrere Fußgängerbrücken überspannen den Fluss und binden die Bewohner jenseits des Manzanares besser an die Innenstadt an. Anders ausgedrückt: Sie fühlen sich weniger ausgegrenzt. Voraussichtlich 2016 wird das Projekt abgeschlossen sein. Genaue Übersichtskarte: www.esmadrid.com/madrid-rio/html/madrid-rio-home-es.html.

❯ **Terrasse des Kulturzentrums Casa Encendida** (s. S. 46): Einfach etwas zu essen und zu trinken kaufen, mit dem Aufzug hoch und auf der Terrasse eine Pause einlegen. Hier gibt es zwar keine Kaffeehausstühle, eine Bar oder Ähnliches, aber vor allem junge Leute kommen gerne hierhin, um sich etwas vom städtischen Trubel zu erholen.

❯ **Plaza del Dos de Mayo** **27**: Malasañas Altstadtplatz ist komplett verkehrsberuhigt und bei Weitem nicht so berühmt und touristisch wie die Plaza Mayor **5** oder die Plaza Santa Ana **17**. Die Tavernen am Platz verfügen über ruhige Außenterrassen. Auch für Kinder geeignet, denn hier gibt es ein paar Spielplätze.

Am Puls der Stadt

003md Abb.: bt

Das Antlitz der Metropole

Madrid ist eine Spätzünderin. Sie ist erst wenige Hundert Jahre alt und keine Metropole, deren Name sogleich Emotionen wachruft, wie es bei Havanna, Lissabon oder Rom der Fall sein mag. Sie biedert sich nicht an, will entdeckt werden und ist gera- *de deshalb eine wunderbare Herausforderung für Neugierige. Wer einmal hier war, kommt gerne wieder, sei es wegen des kosmopolitischen Flairs, des reichen Kulturangebots oder auch nur wegen der fantastischen Terrassenbars ...*

Das Antlitz der Metropole

Kein Meer, na und?

Blanca Portillo ist eine der Vorzeige-Madrileninnen und als Schauspielerin erfolgreich, zuletzt in Almodóvars Film „Los abrazos rotos". Bei einem ihrer öffentlichen Auftritte rief sie vor einer Weile einer begeisterten Menge entgegen: „Madrid hat kein Meer und ist immer chaotisch. Na und?"

Tatsächlich liegt Spaniens Hauptstadt einsam mitten in Kastilien, weitab vom Atlantik und vom Mittelmeer. Auch ist sie weit weniger berühmt als manch andere europäische Hauptstadt, kann aber in Sachen Chaos locker mithalten. Und genau das macht sie aus. Die Stadt ist ein **ungeheuer**

lebendiger Pool aus stadteigenen Typen und regionalen Traditionen. Museen von Welt hat sie, bühnenreife Plätze und – vom schleppenden Stadtverkehr einmal abgesehen – einen atemberaubenden Rhythmus.

Zwischen Kunstrausch und Traditionen

Mit dem Prado-Museum ㉒, dem Villahermosa-Palast mit seiner Thyssen-Sammlung ㉑ und dem Zentrum Reina Sofía für moderne Kunst ⑲ liegt ein regelrechtes **Kunstdreieck am Paseo del Prado**. Madrid weist damit eine Gemäldesammlung auf, die sich mit jeder europäischen Stadt messen kann. Wer heute als Maler, Musiker, Schauspieler, Tänzer oder auch Stierkämpfer in Spanien etwas werden will, kommt an Madrid nicht mehr vorbei. Barcelona, lange Zeit unschlagbare **Hochburg in Sachen Kultur**, hat damit eine ernsthafte Konkurrentin bekommen. Von dort aus würde man in Madrid gerne noch die verschlafe-

033md Abb.: tb

◁ *Schauspielerin Blanca Portillo verkündet trotzig: „Madrid hat kein Meer. Na und?"*

◁ *Vorseite: Festzug bei der Fiesta de San Isidro (s. S. 14)* ne, vertrocknete, zentralistisch-autoritäre Bürokratenstadt aus vergangenen Zeiten sehen. Stattdessen wird in Madrid experimentiert, ausprobiert und provoziert.

Nach Francos Tod kam Ende der 1970er-Jahre Schwung in die madrilenische Kulturszene. Von Stockholm über London bis Neapel kürte man die Stadt zum **Mekka der Jugend**, weil eine Gruppe junger Leute plötzlich begann, spanische Kultur respektlos, provokant, urban und kreativ mit eigenen Akzenten durch den Wolf zu drehen. Einige von ihnen sind berühmt geworden, darunter die Rockgruppe Alaska y Dinarrama, der Maler Miguel Barceló, der Modemacher Adolfo Dominguez und der Regisseur Pedro Almodóvar. Der wirkliche Star dieser sogenannten **Movida madrileña** war aber ausgerechnet ein Bürgermeister Jahrgang 1917: Der Sozialist, Professor und Politiker **Enrique Tierno Galván**. Öffentliche Bekanntmachungen schrieb er in Form von *bando*s oft so humorvoll, dass die Stadt sich schmunzelnd um Litfaßsäulen versammelte. Auf einer offiziellen Versammlung beendete er seine gewichtige Ansprache vor erlauchtem Publikum einmal mit den Worten: „So, jetzt gehen wir alle nach Hause und rauchen einen Joint". Er gab der Stadt ein liberales Antlitz und als er 1986 starb, wurde mit ihm auch die Movida zu Grabe getragen.

Als Bezeichnung für eine ausschweifende, bewegte Nacht lebt sie allerdings fort. Und wie: Wer sich in **Madrids berühmtes Nachtleben** stürzt, merkt, dass die Stadt besonders am Wochenende niemals schläft (s. S. 39). An einem Samstag- oder Sonntagmorgen um sieben Uhr findet man die Gäste im Café nicht etwa beim Frühstück, sondern beim letz-

ten Happen einer durchlebten Nacht. Stolz sind die Madrilenen auf ihr *viva la noche*. Statistiker unter ihnen behaupten, allein im Stadtviertel Huertas gebe es mehr Bars und Kneipen als in ganz Schweden.

Madrid hat sich in den letzten Jahren atemberaubend entwickelt. Heute gelangen Frauen in Chefetagen, werden Verteidigungsministerin (bei der Nominierung schwanger), leiten Konzerne und kämpfen gegen Stiere. Doch mit der **Emanzipation** ist es noch lange nicht so weit. Ein spanischer Soziologe brachte es unlängst auf den Punkt: „Die Männer suchen Frauen, die es nicht mehr gibt; und die Frauen suchen Männer, die es noch nicht gibt."

Alte Traditionen und Gebräuche sind bei dem rasanten gesellschaftlichen Wandel unter die Räder gekommen: Zum Beispiel die urwüchsigen Madrider Literatencafés. Sie hatten ihre Helden und ihre Spitzel. In Madrid wetterte der Philosoph Miguel de Unamuno im „Levante" gegen die Monarchie der 1920er-Jahre, man traf sich im „Pombo", später im „La Granja". Noch erhalten ist neben dem nostalgischen „Comercial" in Malasaña das über 100 Jahre alte Café Gijón (s. S. 32), das schon Gäste wie Luis Buñuel und García Lorca hatte.

Alte Paläste, junges Design

Madrid hat eindeutig einen **Hang zum Monumentalen**. Seit Felipe II. das damalige Dorf 1561 zur Hauptstadt erklärte, sind gewaltige Paläste entstanden. Selbst die älteste Architektur der Stadt ist für europäische Verhältnisse noch relativ jung. Romanische oder gotische Bauwerke findet man kaum und eine große, mittelalterliche Kathedrale wie in Toledo

Das Antlitz der Metropole

034md Abb.: tb

sucht man vergebens. Die Hauptstadt des traditionell katholischen Landes trumpft eher mit Palästen als mit Gotteshäusern auf. Heute residiert die spanische Staatsbank Banco de España an der Plaza de Cibeles ⑳ in einer dieser pompös-gewaltigen Anlagen. Schräg gegenüber ist das Rathaus ein aufwendig verschnörkelter Tempel wie aus Zuckerguss.

Von der Plaza aus nach Norden schließlich gelangt man zum sechsspurigen, kilometerlangen Paseo de la Castellana [cf/cg], an dem in den letzten Jahren **gigantische Türme** entstanden sind, die an Höhe landesweit unschlagbar sind (s. S. 70). Diese städtebauliche Demonstration hat Gründe. Spanien hat in den letz-

ten Jahren viel in bauliche Prestigeobjekte investiert, vom futuristischen Guggenheim-Museum in Bilbao über die Hightech-Wissenschaftsstadt in Valencia bis hin zur himmelstürmenden Brücke Santiago Calatravas in Sevilla. Da darf die Hauptstadt natürlich nicht hinten anstehen.

So ist auch das Prado-Museum um den Kreuzgang eines daneben liegenden Klosters erweitert worden. Das Kunstzentrum Reina Sofía ⑲ zeigt sich geräumiger und noch moderner. Ein neues Gesundheitszentrum und eine Kinderklinik sind entstanden. Calatrava entwarf Madrids neuen Kongresspalast und vor allem **Stararchitekt Rafael Moneo** hat das Stadtbild bereichert: mit dem Museum Reina Sofía ebenso wie mit dem Atocha-Bahnhof ㉖, der in seiner gusseisernen Jugendstilhalle die Reisenden mit einem tropischen Palmengarten begrüßt.

Andererseits zeigt schon ein Blick auf den Stadtplan: Längst nicht alles ist gewaltig. Die Millionenmetropo-

△ *Madrids Giganten dominieren das nördliche Stadtbild (s. S. 70)*

le erstreckt sich zwar weit in die Peripherie, das **Zentrum** um den alten Stadtkern herum aber ist **verhältnismäßig klein und überschaubar.** Die Altstadt mit ihren verwinkelten, engen Straßen erkennt man auf jedem Plan auf den ersten Blick: Sie zieht sich vom Königspalast ❾ bis zum Retiro-Park ㉕ im Osten, von den Straßenzügen Ronda de Segovia [A6], Ronda de Toledo [C6], Ronda de Atocha [E6] im Süden bis zu den nördlichen Straßen Alberto Aguilera, Calle de Sagasta [D/E1] und Calle de Génova [F1].

Manche Viertel haben ihr Flair bewahrt: Die schrägen Fensterluken in Lavapiés, den Messerschleifer in La Latina oder die bunt gekachelte Apotheke in Malasaña sieht man noch immer. Im Maurenviertel La Latina muss man arabische Fensterbögen aber mittlerweile mit der Lupe suchen und an die längst verfallene Architektur erinnern meist nur noch die bemalten Straßenkacheln.

Das Madrid der Habsburger und Bourbonen

Mitten in den alten Stadtteilen liegt die Puerta del Sol ❶, Zentrum nicht nur der Stadt, sondern des ganzen Landes. Hier, vom Kilometerstein Null aus, werden die Straßen des Landes gemessen. Einen Steinwurf davon entfernt liegt das **Madrid der Habsburger** mit seiner berühmten Plaza Mayor ❺. Die Architekten Gomez de Mora und Juan Bautista Crescendi haben noch weitere groß angelegte Bauten entworfen, darunter das ehemalige Rathaus an der Calle Mayor und das Kloster Encarnación ⓬.

Wer sich mehr für **barocke Architektur** interessiert, findet unter Madrids Hauptwerken das Historische Museum ㉘ in der Calle Fuencarral oder die Brücke von Toledo [bk]. Das **klassizistische Madrid der Bourbonen** repräsentieren Werke wie der Königspalast ❾ und das Prado-Museum ㉒, der Palast Villahermosa ㉑ und der sorgfältig angelegte Botanische Garten ㉔. Viele der Bauten dieser Zeit säumen den breit angelegten Paseo del Prado [F3–5], der von einer streng überlegten Städteplanung unter Carlos III. zeugt. Ein weiteres Beispiel für diese Bauweise befindet sich im Mittelpunkt der Puerta del Sol ❶: die ehemalige Post, vor der sich zum Jahreswechsel die halbe Stadt zu einem vital-funkelnden Silvesterfest versammelt. Heute residiert hier der Vorsitz der Autonomen Gemeinschaft Madrid (eine der 17 Regionen Spaniens).

Daten, Zahlen, Fakten

Madrid ist die **Hauptstadt des Königreichs Spanien.** Sie liegt auf dem Breitengrad 40,25 (wie Istanbul) und dabei **650 m über dem Meeresspiegel,** was für eine europäische Hauptstadt ungewöhnlich hoch ist.

Zu den **Städtepartnern** gehören neben Berlin, Paris, Rom, Brüssel, Tripolis und Abu Dhabi alle Hauptstädte Lateinamerikas. Mit **3,2 Millionen Einwohnern** (die Vororte nicht einberechnet) ist Madrid etwas größer als Rom (2,7 Mio.) und fast so groß wie Berlin (3,4 Mio.).

Statistiker haben errechnet: Es gibt in Madrid fast 16.000 Taxis – und damit mehr Taxis pro Kopf als in New York. Alle 21 Minuten findet eine Hochzeit statt, jährlich werden über 40.000 Autoscheiben eingeschlagen. 220.000 Studenten sind an den Unis eingeschrieben und angeblich über 80.000 Bars angemeldet.

Tele Royal – der spanische Königshof

Als sich die TV-Journalistin Letizia Ortiz Rocasolano und Prinz Felipe am 23. Mai 2004 in der Almudena-Kathedrale das Sí-Wort gaben, war es überraschungsfrei die aufregendste Hochzeit seit jener von Charles und Diana. Thema: Monarchensohn heiratet „muchacha". Über 5000 Journalisten aus aller Welt begleiteten das Ereignis, ARD und ZDF kommentierten stundenlang live den Regen, das Brautkleid und den kugelsicheren Rolls-Royce des Paares. Vor allem Letizias („Letis") ehemalige Schulfreundinnen im fernen Oviedo konnten es kaum glauben.

Die neue Braut fügte sich inzwischen verblüffend schnell ins Protokoll ein: Im richtigen Moment winken, den Blick senken, knielange Röcke statt Hosen tragen und niemals dem Gemahl ins Wort fallen. Ihren Nachnamen gab sie ab, ihre Karriere, ihre Unabhängigkeit. Der TV-Star hatte mit der Hochzeit das Rad der eigenen Emanzipation zurückgedreht, das allerdings auf traumhaft hohem Niveau. Die Pflicht der damals 31-Jährigen besteht nunmehr im Kinderkriegen. Die Eigentumswohnung in Madrid tauschte sie mit dem 3150-Quadratmeter-Prinzenpalast im abgelegenen Pardo-Park im Norden des Zentrums.

Für den 1,97 Meter langen Felipe gab es natürlich keinerlei Umschulung. Don Felipe Juan Pablo Alfonso de Todos los Santos von Bourbon und Griechenland, Prinz von Girona und Viana, Fürst von Montblanc ... (der Name geht noch weiter) ist der perfekte Thronfolger für König Juan Carlos: ernst, zurückhaltend, gelehrig. Eine Kindheit unter Begleitschutz, ein Leben nach dem Diktat der Krone.

Diese Ehe-AG zwischen Blaublütern und Bürgerlichen war neu. König Juan Carlos, Felipes Vater, hatte mit der Griechin Sophia schließlich eine echte Prinzessin geheiratet. Und Erz-Monarchisten halten gar nichts von Felipes Angetrauter „de la caja tonta" („aus der Glotze"). Doch es funktioniert. Er hat die alte Schule, sie den Blick dafür, wann an der Kamera das „on" aufleuchtet.

Von den Anfängen bis zur Gegenwart

Madrid ist für eine europäische Hauptstadt ungewöhnlich jung. Noch Mitte des 9. Jahrhunderts standen hier gerade einmal ein paar Häuser und am Fluss Manzanares dösten Bauern und Hirten in der Mittagshitze. Jahrhundertelang passierte nicht besonders viel, doch dann erhob Felipe II. das zentral gelegene Kaff plötzlich zur Hauptstadt Spaniens. Die eifersüchtigen Stadtoberen im nahen Toledo schüttelten vor Entsetzen den Kopf. Madrid hat seither viel erlebt: französische Besatzer, neue Gaslaternen, bestechliche Franco-Beamte, geniale Künstler und schließlich ein durch und durch modernes Image. Die Metropole ist heute in wie nie zuvor.

845: Emir Mohamed I. gründet die befestigte maurische Siedlung Mayrit, „Ort der vielen Wasser". Hieraus wird später der Name Madrid. Der kleine Vorposten soll Toledo und Al Andalus (Andalusien)

Schon seit Langem agiert Spaniens Königshof geschickt. So heiratete eine der Schwestern Felipes einen baskischen Handballer, was im eigensinnigen Baskenland gut ankam. Der König selbst spricht beim Barcelona-Besuch schon mal ein paar Worte auf Katalanisch, was etwa so wirkt wie Kennedys „Ich bin ein Berliner". Juan Carlos liebt Segelregatten und fährt gerne mit Vollgas Harley-Davidson, um dann wieder würdevoll eine Parade abzunehmen.

Der gegenwärtige König hat den Weg frei gemacht, ein zerrüttetes Königshaus in ruhige Bahnen geführt. Sein Großvater Alfonso XIII. (1886-1941) musste 1931 ins Exil gehen, sein Vater Juan sollte den Thron nie besteigen. Als Juan Carlos im November 1975 gekrönt wurde, sprach wenig für ihn. Er stand an der Spitze eines Landes, das seit dem Bürgerkrieg (1936-1939) in zwei Lager, in Sieger und Besiegte, gespalten war und dessen Bevölkerung für die Monarchie wenig übrighatte. Der Bourbone galt

als Zögling des Diktators Francisco Franco (1939-1975). Die meisten sahen seine baldige Abdankung voraus und gaben ihm spöttisch den Beinamen „Juan Carlos der Kurze". Aber der Monarch überzeugte, vor allem als er beim Putschversuch des Militärs am 23. Februar 1981 als Oberbefehlshaber der Armee in einer berühmt gewordenen Fernsehansprache die Aufständischen zur Raison rief. Spätestens seither genießt Juan Carlos höchstes Renommee.

Seine Vorgänger hießen schon mal „Pepe, der Besoffene", „Johanna die Wahnsinnige" und „Carlos der Blöde". Sohn Felipe, den „Prachtkerl" (Stern), nennt man allenfalls „Felipe den Langen". Und auch der weiß sich längst erhaben zu geben. Bei der Hochzeit küsste er seine Braut derart filmunreif auf die Wange, dass ein Reporter des Spiegel-Magazins protestierte: „Königspaar blieb Hochzeitskuss schuldig". Volle Absicht war das, denn allzu viel Volksnähe haben königliche Madrilenen noch nie gemocht.

---

schützen, das schon seit 711 unter arabischer Kontrolle ist. Im Norden der Iberischen Halbinsel formiert sich der christliche Widerstand gegen die Eroberer. Mayrit erhält die Festungsanlage Almudena, in deren Schatten Fleisch, Gemüse und Töpfe verkauft werden.

1083: Im Süden zerfällt das Kalifat von Córdoba in Teilreiche, während sich vor allem im nördlichen Asturien die christlichen Heerscharen auf die Reconquista vorbereiten. Zusätzliche Motivation erhalten sie durch den florierenden Jakobsweg nach Santiago de Compo-

stela. Alfonso VI. nimmt 1083 den maurischen Stützpunkt Mayrit ein und lässt die arabische Festung schleifen. Zwi-

KURZ & KNAPP

Reconquista
So bezeichnen die Spanier die Zeit des **Kampfes der christlichen Bevölkerung Spaniens gegen die maurische Herrschaft** auf der Iberischen Halbinsel. Dieser endete mit der erfolgreichen Einnahme Granadas im Jahr 1492 durch christliche Truppen.

Von den Anfängen bis zur Gegenwart

schen den Steinen, so die Legende, findet man eine hölzerne Marienstatue, die beim Siegen geholfen haben soll. Sie bekommt den Namen der einstigen Burg, Almudena, und ist seither Madrids Schutzheilige. Nach ihr ist auch Madrids Kathedrale  benannt.

1212: Maurische und jüdische Händler siedeln sich südlich der Straße Calle de Segovia [A/B4] in der Morería an. Die Stadt bildet auch Soldaten im Krieg gegen die Araber aus. Madrids Miliz dringt als Teil des geeinten Christenheeres bis in die andalusische Tiefebene vor. In der Schlacht von Jaén soll sie ein bescheidener Pastor begleitet haben, der sich später in den Schutzpatron der Stadt verwandelt: San Isidro. Ihm zu Ehren findet im Mai Madrids größtes Stadtfest statt (s. S. 14).

1492: Kolumbus entdeckt Amerika, die Christen erobern die letzte Maurenbastion Granada, die Juden werden vertrieben. Spaniens Herrscher Isabella von Kastilien und Fernando von Aragón machen Spanien zu einem Land, in dem die Inquisitionsrichter sehr großen Einfluss haben.

1560: Der Habsburger Felipe II. verlegt den Königshof von Toledo nach Madrid, wo zu diesem Zeitpunkt kaum 20.000 Menschen leben. Der päpstliche Nuntius beschwert sich in einem Schreiben an Rom über ärmliche, hässliche Häuser und Straßen voller Müll. Aus der Folgezeit sind nur wenige Bauten erhalten, darunter die beiden maurisch geprägten Türme San Pedro und San Nicolás. Spaniens neue Hauptstadt zieht allmählich Baumeister, Kaufleute und Künstler an. Der Retiro-Park entsteht und Felipes Lieblingsarchitekt Juan de Herrera beginnt mit dem Bau der Plaza Mayor. Kirchen und Klöster schießen wie Pilze aus dem Boden und nehmen 100 Jahre später bereits ein Drittel der Stadtfläche ein.

1605: Der erste Teil des Schelmenromans „Don Quijote" von Miguel de Cervantes wird gedruckt. Cervantes wohnt im heu-

035md Abb.: tb

tigen Stadtviertel Huertas ganz in der Nähe des Dramatikers Lope de Vega, dessen humorvolle Bühnenstücke die umliegenden Innenhöfe beleben. Der „Quijote" gehört zu den meistverkauften Büchern der Welt und wurde seit 1926 Dutzende Male verfilmt, zuletzt 2008 mit Christoph Maria Herbst.

17. Jh.: Insgesamt bringt das „Goldene Jahrhundert" eine Blütezeit der Literatur und der Malerei. Mit den Beuteschätzen aus Lateinamerika werden in Madrid viele Bauten und neue Plätze finanziert.

18. Jh.: Nach dem Tod von Carlos II. als letztem spanischen Habsburger kommt es zum Spanischen Erbfolgekrieg (1701–1714), bei dem sich die Bourbonen durchsetzen. Inzwischen hat Spanien alle Besitztümer in Europa verloren, während Holländer, Engländer und Franzosen immer mehr Länder Lateinamerikas unter ihre Herrschaft bringen.

In Madrid bekommen Verwaltung und Recht ein französisches Muster. Als an Weihnachten 1743 das Schloss abbrennt, entsteht an selber Stelle einer der gewaltigsten Königspaläste der Welt. Der neue König Carlos III. gilt der Nachwelt als „bester Bürgermeister Madrids". Mit dem Warnruf *agua va* („Wasser kommt") haben die Bewohner bislang ihre Exkremente aus dem Fenster auf die Straßen gekippt. Der Bourbone Carlos sorgt für Kanalisation, lässt Straßenpflaster legen, Straßenbeleuchtung mit Öllampen errichten und mittels Nachtwächter für mehr Sicherheit sorgen. Viele öffentliche Bauwerke entstehen, darunter der Prado und die Königlichen Akademien der Wissenschaften. Nur mit der Stadtbevölkerung hadert der rationale Herrscher. Seinen Minister Esquilache stört sogar, dass die Bewohner breitlappige Hüte statt französischen Dreispitz tragen. Als er die Polizei mit großen Scheren ausstattet, um den *machos* die Hüte zu zerschneiden, kommt es 1766 zum Volksaufstand. Esquilache muss gehen.

1808: Als Napoleon die Königsfamilie vertreibt und nach der blutigen Besetzung Madrids seinen Bruder Joseph als Spaniens neuen Regenten einsetzt, lässt dieser viele Klöster abreißen und neue Plätze anlegen (Plaza de Oriente, Santa Barbara, Santa Ana). Die Bewohner verspotten ihn derweil mit Versen auf seine Trinkfreudigkeit: *Pepe, Pepe, vete al despacho. No puedo ahora, estoy borracho.* („Pepe, Pepe, komm ins Kabuff. Ich kann jetzt nicht, ich bin im Suff").

19. Jh.: Nach Aufständen der Madrilenen gegen die napoleonischen Besatzer übernimmt der absolutistische Herrscher Fernando VII. 1814 die Macht. Das Stadtleben in Madrid wird zunehmend politischer. Während die einen für eine liberale Verfassung kämpfen, halten die anderen am Konzept des Absolutismus fest. In den Tavernen wird heftig diskutiert, die Puerta del Sol wird zum Schauplatz von Revolution und Konterrevolution und in der Literatur blüht die Romantik des Perez Galdós und Larra. Die Stadt bekommt Mitte des Jahrhunderts eine Kanalisation, Gasbeleuchtung und Eisenbahnverbindungen. 1873 wird die Erste Republik ausgerufen, doch schon im Jahr darauf wird Spanien mithilfe des Militärs wieder eine Monarchie.

1898: Spanien verliert die letzten drei Kolonien Puerto Rico, Kuba und die Philippinen. Aus der Depression und dem verletzten Nationalstolz entsteht die Intellektuellengruppe „Generación del 98", deren herausragende Persönlichkeit der Philosoph Miguel de Unamuno ist.

◁ *Figur von Don Quijote, dem Helden aus dem gleichnamigen Roman von Miguel de Cervantes*

Von den Anfängen bis zur Gegenwart

1923: Die Einwohnerzahl in Madrid ist inzwischen auf 500.000 angestiegen, mit der Gran Vía [C–E3] gibt es eine erste Prachtstraße (seit 1910) und nach massiven sozialen Unruhen kommt es 1923 mit Billigung des Königs zum Staatsstreich des Generals Primo de Rivera. Nach acht Jahren fällt die Diktatur, auch aufgrund der Weltwirtschaftskrise. Alfonso XIII. geht ins Exil.

1931–1936: Die Zweite Republik wird durch den Wahlsieg der bürgerlichen Linksparteien eingeleitet, die gegen den Widerstand von Großbürgertum, Finanzoligarchie und Kirche eine demokratisch-regionalistische und weltliche Republik durchsetzen wollen. Die neue Verfassung Spaniens orientiert sich teilweise am Weimarer Modell, garantiert bürgerliche Freiheiten und Dezentralisierung. Doch nach dem Wahlsieg der Konservativen werden insbesondere die Land- und Schulreform 1933 wieder rückgängig gemacht. Die Lage spitzt sich zu.

1936–39: Als die Rechtsparteien 1936 durch die linke Volksfrontregierung abgelöst werden, ist längst ein Putsch in Planung. Am 18. Juli 1936 erhebt sich der rechte Flügel des Militärs unter der Führung der Generale Franco, Mola und Sanjurjo. Der dreijährige Spanische Bürgerkrieg beginnt, den Franco mit Unterstützung der faschistischen Bewegung Falange, der Kirche, der Großgrundbesitzer sowie der Truppen Mussolinis und Hitlers gewinnt. Über 600.000 Tote fordert der auf beiden Seiten mit brutaler Härte geführte Krieg. Die demokratischen Regierungen Europas kommen den Republikanern nicht zur Hilfe, dafür aber die Internationalen Brigaden mit Persönlichkeiten wie Hemingway und Orwell. Madrid ist das Zentrum des Widerstands und der Slogan lautet: *no pasarán* – „Sie kommen nicht durch". Nach harten Kämpfen muss sich Madrid schließlich am 28. März 1939 geschlagen geben.

1939–1975: Unter Franco grassiert die Bodenspekulation, der einige historische Bauten zum Opfer fallen. Madrids Umland wird verstädtert, uniforme Hochhauskomplexe und sterile Fertighausanlagen breiten sich aus. Allein von 1960 bis Mitte der 1970er-Jahre kommen rund eine Million Zuwanderer in die Hauptstadt. Elendsviertel mit ihren *chabolas*, den schnell hochgezogenen Hütten aus Kistenbrettern und Wellblech, umgeben Bahnlinien und Zufahrtsstraßen. Doch mit dem florierenden Tourismus und den Geldsendungen spanischer Gastarbeiter aus Frankreich, der Schweiz und der Bundesrepublik erholt sich die Wirtschaft allmählich. Die Diktatur setzt auf Pressezensur, Parteienverbot und Todesstrafe. Im Baskenland formiert sich die ETA. Sie ermordet 1973 in Madrid Regierungschef Carrero Blanco, der die Linie Francos weiterführen sollte, mit einer ferngezündeten Dynamitbombe. Zwei Jahre später stirbt Franco am 20. November 1975 im Alter von 82 Jahren eines natürlichen Todes. König Juan Carlos, Enkel Alfons XIII., wird neuer Staatschef.

1978: Nach Francos Tod verläuft der Übergang von der Diktatur zur Demokratie erstaunlich friedlich. Spanien bekommt 1978 eine neue Verfassung, die mit behutsamen Formulierungen besonders die Probleme in Bezug auf Religion und Regionalismus zu lösen versucht. Die Dezentralisierung wird durch Einsetzung von 17 autonomen Regionen begünstigt, Angelegenheiten der Landespolitik werden aber nach wie vor weitgehend von Madrid entschieden. Der Katholizismus verliert seine Rolle als Staatsreligion (wobei nach wie vor über 90 % aller Spanier katholisch sind), die Todesstrafe wird abgeschafft. Volle bürgerliche Grundrechte sowie religiöse und ideologische Freiheit garantiert die neue Verfassung.

1981: Am 23. Februar kommt es zu einem dilettantischen Putschversuch einiger Militärs, die zwar das Madrider Parlament stürmen, doch schon bald vom spanischen König zur Räson gebracht werden.

1992: Zum 500. Jahrestag der Entdeckung Amerikas wird Madrid Kulturhauptstadt Europas. Der Hochgeschwindigkeitszug AVE nimmt Fahrt auf und die wertvolle Sammlung der Barone Thyssen-Borne-

Real Madrid

*Für 94 Millionen Euro einen Spieler kaufen? Heute kein Problem mehr. Man braucht nur einen gierigen, steinreichen Baulöwen als Präsidenten und die besten Werbefachleute, dann rechnet sich das irgendwann. Im Gründungsjahr 1902 waren die Kicker des „Madrid Foot Ball Club" dagegen kaum teurer als Türsteher von Bankfilialen. Fußball war ihr Nebenjob, das Honorar ein Hungerlohn. Und selbst der Ball lief nicht rund: Es dauerte drei Jahrzehnte, bis die Spanische Meisterschaft gewonnen wurde. Dann aber wurde es spürbar besser. Der Klub hieß nun „Real" (königlich), verpflichtete die **Stars Alfredo di Stefano, Ferenc Puskás und Raymond Kopa** und glänzte 1960 als „weißes Ballett" in einem Spiel, das als beste Vereinsbegegnung aller Zeiten gilt: Das damalige Finale des Europapokals der Landesmeister gewann Real gegen Eintracht Frankfurt mit 7:3.*

*Doch so brillant die Stürmer auch dribbelten und trafen, das **Image** wurde nicht besser. Denn die Kicker galten über viele Jahre hinweg **als verlängerter Arm Francos.** Jede Niederlage gegen Barcelona interpretierte man indirekt als Sieg über Zentralismus und Diktatur. Der Diktator starb schließlich, der Anspruch stieg, die Gagen ebenfalls und nur das Image blieb durchwachsen. Real hat viel gewonnen seither, die Liga (32-mal), die Champions League*

bzw. den Europapokal der Landesmeister (9-mal), den UEFA-Cup (2-mal). Man engagierte namhafte Spieler wie Günter Netzer, Paul Breitner, Bernd Schuster, Clarence Seedorf, David Beckham und Zinédine Zidane. Aber echte Liebe zwischen den Fans und den Jungs in den lilienweißen Trikots wollte und will einfach nicht aufkommen.

Der Verein leistet sich einen eigenen Fernsehkanal, gigantische Sportanlagen, den „Hexenkessel" Bernabéu-Stadion **32** *und gerne mal den ein oder anderen Weltfußballer des Jahres. Doch auch all diese Bemühungen können die* **kritischen Fans und Medien** *nicht immer zufriedenstellen. Verliert Real im eigenen Stadion, dann gilt das als Schande, ein gellendes Pfeiforchester bricht aus und die allmächtige Sportzeitung „Marca" schlägt wieder weinerlich und wütend zu: „Die Klubführung hat in den letzten Jahren Millionen für mittelmäßige Spieler zum Fenster herausgeworfen!"*

Eines muss man Real aber lassen: Sie verprassen auch schon mal Geld für gute Spieler. Im Juni 2009 kauften sie für die **Rekordtransfersumme von 94 Millionen Euro** *Manchester United den Portugiesen Christiano Ronaldo ab. Eine Zeitung rechnete damals aus, wie viele Real-Fans ein Jahr lang ihren Mindestlohn kassieren müssen, um diese Summe zu stemmen: Es sind 10.724.*

misza bekommt ein eigenes Museum am Paseo del Prado (siehe ㉑).

2001: Der Fußballverein Real Madrid verkauft der Stadt Madrid sein 148.000 m² großes Trainingsgelände für 425 Millionen Euro und ist damit auf einen Schlag all seine Schulden los. Kritiker sprechen von verdeckter Subvention. Auf einem Teil des Geländes an der Castellana entstehen vier neue Hochhäuser mit einer Höhe von fast 250 Metern, die acht Jahre später fertiggestellt sind.

2004: Am 11. März tötet ein terroristischer Bombenanschlag auf Madrids Vorortzüge fast 200 Menschen, über 2000 werden verletzt. Die Stadt steht unter Schock.

Im Mai desselben Jahres heiratet Prinz Felipe die Fernsehjournalistin Letizia Ortiz. Während der Zeremonie sind allein 24.000 Polizisten, über 5000 Journalisten und die besten Köche Spaniens im Einsatz, darunter der Madrider Starkoch Paco Roncero.

2007: Der neue Anbau des Prado, erdacht von Stararchitekt Rafael Moneo, wird eröffnet.

2011: Ende Mai belagern Jugendliche aus Protest gegen die hohe Arbeitslosigkeit tagelang den zentralen Platz Puerta del Sol ❶.

2013: Atletico Madrid gewinnt überraschend den Copa del Rey gegen den Stadtrivalen Real Madrid.

Mitten in der Wirtschaftskrise verabschiedet die Regierung in Madrid ein Gesetz, wonach der Stierkampf ab sofort ein „Schützendes Kulturgut" ist.

▷ *Die Stadtviertelfeste begeistern viele Madrilenen*

Leben in der Stadt

„Die Madrider Bevölkerung", schrieb der Stadtchronist Mesonero Romanos im 19. Jahrhundert, „ist in der Regel lebendig, brillant, satirisch. Sie ist gesellig und hat eine bemerkenswerte Leidenschaft für die Mode. Sie hat eine Schwäche für alles Fremde und eine gewisse Abneigung gegen das Eigentum."
Das stimmt nach wie vor – wegen der derzeitigen dramatischen Immobilienkrise sogar die Abneigung gegen das Eigentum.

Latinos, Andalusier, sogar echte Madrilenen

Madrid ist ein Sammelsurium an Gesichtern und Lebensläufen. Viele scheinbar Fremde wohnen schon lange hier. Spanier, die sich seit den 1950er-Jahren bis in die 1970er-Jahre hinein aus Andalusien, der Extremadura und der Mancha aufmachten, haben **ihre Eigenarten, Sprachakzente und Bräuche in die Hauptstadt mitgebracht.**

Gleichzeitig wurde Spanien ein **wichtiges Exilland** für verfolgte Intellektuelle, Regisseure und Schriftsteller aus Lateinamerika und Madrid gilt für Süd- und Mittelamerikaner nach wie vor als „**Tor nach Europa**". Gerade die **Latinos** haben das musikalische Spektrum der Stadt sehr bereichert, ob mit Rumba aus Kuba oder Tango aus Argentinien. Auch viele Chinesen leben inzwischen hier, vor allem Kleinhändler mit großen Familien, die in den Altstadtvierteln Lavapiés und am Rastro jede Menge Läden errichtet haben.

Und die Madrilenen selbst? Den *madrileño castizo*, die **echte, urwüchsige Volkstype**, gibt es kaum noch, er

036md Abb.: tb

taucht höchstens bei den Volksfesten auf, wo die alten Trachten und Tänze wieder hervorgeholt werden. Die *Majos* ("Netten") und *Chulos* ("Kessen"), wie man sie nannte, lebten in den Altstadtvierteln Malasaña, Rastro, La Latina und den Innenhöfen *(Corralas)* von Lavapiés. Es waren einfallsreiche, leicht aufbrausende und selbstsichere Menschen, die sich noch gegen raffsüchtige Spekulanten und brutale Polizisten Francos erfolgreich zur Wehr setzten.

Die Zeiten mögen vorbei sein, die Bewohner bunt gemischt, doch das hat einen Vorteil: Weil die wenigsten Madrilenen seit Generationen Madrilenen sind, fühlen sich die neuen Madrilenen schon nach kurzer Eingewöhnungszeit kaum noch als Fremde. Und auch die **Klischees** über die Bewohner sind dadurch **weniger stark** ausgeprägt. Von den Galiciern sagen viele, sie seien eigenbrötlerisch, latent stur und schon mit einem

Regenschirm auf die Welt gekommen (wegen der häufigen Niederschläge). Die Katalanen rund um Barcelona gelten als geschäftüchtig, hochnäsig und selbstverliebt. Andalusier wiederum arbeiten angeblich nicht gerne und suchen ständig nach Möglichkeiten, das Leben in vollen Zügen zu genießen.

In Madrid findet sich von allem etwas, denn die Zugezogenen haben ihren Lebensstil und ihre Bräuche gleich mitgebracht. Auch deshalb bietet Madrid ausgezeichnete Flamencofestivals, die ganz eindeutig andalusisch geprägt sind. Und in den Restaurants ist *pulpo* ein Klassiker: galicische Krake mit Meersalz und Paprikapulver. Wer etwas vom guten alten Madrid und seinen Typen sehen möchte, geht am besten in eine der steinalten Tavernen im Viertel La Latina oder besucht die traditionellen Literatencafés wie das Commercial (s. S. 32) an der Plaza de Bilbao.

Madrid im Zeichen der Wirtschaftskrise

Ein madrilenisches Sprichwort siedelt die 650 m hoch gelegene Metropole direkt unterhalb des Paradieses an: „Von Madrid in den Himmel („de Madrid al cielo"), und dort ein Guckloch, um auf die Stadt zu sehen".

Noch kurz vor Ausbruch der Krise leistete man sich in Madrid einige kostspielige Preistigebauten: Der **Torre Picasso** (**Picasso-Turm**) [bh], vorübergehend Madrids höchster Stadtturm,

reckt sich 157 m in den Himmel. Weiß, elegant und strahlend, ein Highlight im nördlichen Azca-Viertel, dem „Klein-Manhattan" Madrids. Seine 12.000 Einbauleuchten überstrahlen nachts die Dächer der Großstadt. Als man geglaubt hatte, der Picasso-Turm sei das neue Stadtsymbol, da trumpfte Madrid mit dem nächsten hypermodernen Bauwerk auf: der **Puerta de Europa** (**„Tor Europas"**) an der Plaza de Castilla [cg]. Die beiden Türme der Puerta sind zwar „nur" 114 m hoch, dafür aber schiefer. Sie neigen sich mit 15 Grad aufeinander zu.

Pedro Almodóvar

*Wohl kaum ein Bewohner Madrids ist derzeit so berühmt wie Pedro Almodóvar. Mit seinem Streifen „Fliegende Liebende" (2013) hat er nicht nur die Fachwelt fasziniert, sondern den spanischen Film international noch bekannter gemacht. „Wenn ich Filme mache, ziele ich auf den Kopf des Zuschauers, auf sein Herz und seine Geschlechtsteile", soll er einmal gesagt haben. Und da war er noch lange kein Star auf der großen Weltbühne. Der Durchbruch kam 1988 mit „Frauen am Rande des Nervenzusammenbruchs" („Mujeres al borde de un ataque de nervios") und sofort wurde sein Name praktisch zum **Synonym für die spanische Filmindustrie.** Damals nannte man ihn den Fassbinder Spaniens, worauf er konterte: „Ja, wir haben Gemeinsamkeiten, er und ich. Wir sind beide dick und lieben das Kokain."*

Pedro Almodóvar wurde 1949 in Calzada de Calatrava geboren, einem staubigen kleinen Kaff in der Mancha. Ende der 1960er-Jahre kam er nach Madrid und verdiente seine Peseten mit

*einem Bürojob bei der staatlichen Telefongesellschaft Telefónica. Er wollte Filmemacher werden und weil es in Madrid damals keine professionelle Ausbildung in diesem Bereich gab, wurde er zum **Autodidakt.** Mit Super-8-Filmen drehte er erste kleinere Arbeiten.*

Wie so viele spanische Beamte in den 1970er-Jahren nahm er seinen Beruf ziemlich locker. Der Job ließ ihm ohnehin ausreichend Zeit für den Film. Und das sollte sich bald mehr auszahlen, als Almodóvar ahnen konnte.

*In dieser Zeit nach Francos Ableben entstand die Kulturbewegung der sogenannten **„movida madrileña".** Die Jahre der Diktatur hatten die meisten Künstler ins Exil getrieben oder geistig geknebelt. Kaum war der Diktator tot, begann der Startschuss für junge, unorthodoxe Freaks aus der Szene. Schon bald begann Almodóvar, andere Personen aus der Movida-Bewegung in sein Schaffen einzubeziehen: Die Fresken und Gemälde in seinem Film „Labyrinth der Leidenschaften" („Laberinto de pasiones", 1982) stammen von Pérez Villalta, die Kostüme von Ouka Lele, Ivan Zulueta entwarf die Filmplakate.*

Manche fragten sich, ob Madrid einen „Chicago-Komplex" hat, da lieferte die Stadt prompt den Beweis. Vier gigantische Türme sind 2009 auf dem ehemaligen Trainingsgelände von Real Madrid fertiggestellt worden, die spanienweit wahrlich alles in den Schatten stellen: das Hochhaus-Quartett **Cuatro Torres Business Area** [cf]. Höchster unter ihnen ist der Torre Caja Madrid mit sagenhaften 249,5 Metern. Dass in Chicago das höchste Gebäude fast doppelt so hoch ist, sollte man beim Besuch Madrids besser nicht erwähnen. Von Gigantismus spricht bei der anhaltenden Wirtschafts- und Immobilienkrise derzeit ohnehin kaum noch ein Madrilene …

Die Folgen der Krise

Nördlich und nordöstlich der Altstadt sieht man auf dem Stadtplan den quadratischen, schachbrettartigen Grundriss der Bürgerviertel Argüelles, Salamanca und Chamberí. Hier lebt eine nach wie vor relativ wohlhabende Schicht. Es sind saubere, von Kriminalität und Armut kaum berührte

*Seit seinem ersten Film „Pepi, Luci, Bom und andere Mädchen der Bande" („Pepi, Luci, Bom y otras chicas del montón", 1979/80) dreht er fast jedes Jahr einen neuen. „High Heels" („Tacones lejanos", 1991) brach schließlich alle spanischen Kassenrekorde, weniger Erfolg verbuchte 1993 „Kika" und 1995 „La flor de mi secreto". „Carne trémula" (1997) und „Todo sobre mi madre" („Alles über meine Mutter", 1999) fanden wieder ein eindeutig positives Echo - für letzteren erhielt Almodóvar einen **Oscar** ebenso wie 2003 für „Sprich mit ihr" („Hable con ella"). 2004 erschien „La mala educación", 2008 „Los abrazos rotos" und 2011 der Gruselschocker „La piel que habito".*

*Seine Filme galten lange Zeit vor allem als schrill. **Tabus rund um die Themen Kirche und Homosexualität** brach der Regisseur aus der Mancha besonders gerne. Die selbstverfassten Drehbücher kreisten um Liebe und Gewalt, Drogen und Randgruppen. Mindestens genauso wichtig erschien ihm das Kultdesign der 1960er-Jahre, die Kitschtapeten, die Kostüme und die ex-*

alterierten Designermöbel. Unterlegt waren die Filme immer wieder mit getragener Musik, z. B. von Zarah Leander.

*Doch schon mit „Sprich mit ihr" hat Almodóvar eine neue Seite seines Könnens gezeigt: **Er kann Dramen erzählen,** und zwar richtig gut. Der Film „Schlechte Erziehung" hat dabei durchaus mit seiner eigenen Kindheit zu tun. In „Volver" verbindet er geschickt das Dramatische mit dem Grotesken. Hier geht es um ein Dorf in der Mancha und einen zurückkehrenden Geist. Bis auf die ersten Minuten sind nur Frauen im Film zu sehen, darunter Hollywood-Star **Penélope Cruz** und die spanische Schauspieldiva Carmen Maura.*

Sie spielten so überzeugend, dass sie 2006 in Cannes bei den Filmfestspielen gemeinsam als beste weibliche Schauspielerinnen ausgezeichnet wurden. Und mit den „Zerbrochenen Umarmungen", bei dem ein Regisseur erblindet und seinen Film trotzdem vollendet, brachte er schließlich seine eigene Profession ins Zentrum des Dramas - und Penelópe Cruz wieder einmal auf alle Litfaßsäulen.

Viertel. Das südliche Madrid besucht dagegen kaum ein Tourist, dafür kamen in den 1950er-Jahren Abertausende aus Südspanien, um in Madrid dem Elend auf den Großgrundbesitzen zu entgehen. Jahrzehntelang war der Süden die Armensiedlung der Stadt. Doch in den Vororten haben sich auf Druck solidarischer Bewohner mittlerweile die Infrastruktur und das kulturelle Angebot etwa in Sachen Musik und Theater verbessert. Allerdings: Die Grenzen verschwimmen während der aktuellen Wirtschaftskrise im Land. Madrid hatte allein im Jahr 2013 sieben Milliarden Euro Schulden. Und prompt hat die Bürgermeisterin der Stadt eine kuriose Entscheidung durchgesetzt: Die zentralste und berühmteste Metrostation heißt vorübergehend statt Sol nun „Vodafone Sol". Madrid bekommt für die groteske Werbung der britischen Mobilfunkgesellschaft eine Million Euro pro Jahr. Und die Madrilenen hoffen auf bessere Entscheidungen, um aus der Krise bald wieder herauszukommen.

Cobrador del Frac

Sie kommen im Frack, mit Zylinder und polierten Lackschuhen. Ihr Name: „cobrador del frac". Der Kassierer im Frack ist der **Schrecken zahlungsunwilliger Schuldenmacher.** *Er ist letzte Instanz, Namensgeber und zugleich die Hauptattraktion einer florierenden Firma, deren Dienstleistung im Eintreiben von Schulden besteht: El cobrador del frac, bereits geschützter Markenname in den USA, Deutschland und Frankreich. Dank massiver Werbung ist der befrackte Herr bekannt wie ein bunter Hund. Filialen gibt es inzwischen schon in Barcelona, Bilbao, Sevilla, Vigo, Málaga, Valencia, Zaragoza, Las Palmas de Gran Canaria, Lissabon und Paris.*

Der **Schlüssel zum Erfolg** *der „cobradores" ist denkbar einfach. Wer vom Frackmann aufgesucht wird, ist bei Nachbarn und Geschäftspartnern als Schuldenmacher entlarvt. Und vorzugsweise erscheint er dort, wo es der Zielperson garantiert am allerpeinlichsten ist: im Sportklub, vor der Haustür mit schwarzem Wagen und deutlicher Aufschrift, in der Stammbar oder auf der Geburtstagsfeier, je nachdem, was private Ermittler zuvor über die Lebensverhältnisse des „Opfers" herausgefunden haben: Das* **Geschäft mit der Scham** *rentiert sich: 60 Prozent der bearbeiteten Fälle, so die Firmenleitung, enden mit dem Eingang eines Schecks.*

Das Dienstleistungsunternehmen besteht allerdings nicht nur aus den befrackten Herren. Zunächst wird eine ganze Horde von Wirtschaftsfachleuten, Rechtsexperten, Psychologen und Schnüfflern auf die säumigen Sünder angesetzt. Erst wenn alle Verhandlungen zu keinem Erfolg geführt haben, geraten die Zahlungssäumigen auf die Besuchsliste der Männer, oft ehemalige Wachleute (Einstellungsbedingung: nicht zu klein, nicht zu groß, unauffällig und kein zu hoher Bildungsgrad). Den happigen Anteil von 38 Prozent behält die Firma als Honorar. Den Kunden ist das offenbar recht. Sie engagieren die Frackleute sowieso erst, wenn sie ihr Geld schon fast abgeschrieben haben. Er ist die letzte Chance für Gläubiger: der „cobrador del frac".

❯ *www.elcobradordelfrac.com*

Madrid entdecken

037md Abb.: tb

Mittendrin: rund um die Puerta del Sol

Mitten im Zentrum Madrids liegt die Puerta del Sol und in der unmittelbaren Umgebung des Platzes einige richtig gute Sehenswürdigkeiten, vor allem das Kloster Descalzas Reales. Auch das Café des Circulo de Bellas Artes sollte man sich nicht entgehen lassen.

❶ Puerta del Sol ⭐　　　[D4]

Die Puerta del Sol ist das kommerzielle Zentrum und der Haupttreffpunkt von Madrid. In den hier beginnenden Laden- und Fußgängerzonen dominiert der Kaufhausgigant El Corte Inglés (s. S. 22) und auch Ketten wie Zara können nur wenige der traditionellen Geschäfte standhalten.

Ein Hauch des 19. Jh. spürt man noch im Geschäft **Casa de Diego** (s. S. 21) in der Nummer 12. Seit 1858 verlässt man sich hier auf den Werbespruch *mañana lloverá* („morgen wird es regnen"), um den Verkauf der Regenschirme anzukurbeln. Wenn die stechende Sonne ab dem Frühjahr diesem Slogan jegliche Wirksamkeit nimmt, floriert der Handel mit den vielfältigen Modellen an Fächern.

Eine seltsame Mischung aus Vergangenem und Neuem findet man in der **Konditorei Mallorquina** (s. S. 33), die direkt an der Ecke zur Calle Mayor liegt. Während im Erdgeschoss fließbandartig die süßen Teilchen über die Verkaufstheke geschoben werden, lebt im oberen Stockwerk eines der Cafés aus der Zeit um 1900 weiter. Wer die in Madrid so bekannten

trufas noch nicht kennt, hat hier eine gute Gelegenheit, die üppige Schokoladenpraline zu probieren. Bei einem guten *café con leche* (Milchkaffee) lässt sich von einem Fensterplatz im 1. Stock aus das bunte Treiben auf der Puerta del Sol in aller Ruhe genießen.

Dem Cafébesucher fallen vielleicht auch die **Schuhputzer** (s. S. 25) auf, die sich fast täglich auf dem Platz einfinden, besonders gern direkt gegenüber dem Symbol des Stadtwappens, dem **Oso y el Madroño** („Der Bär und der Erdbeerbaum"). Der hoch aufgerichtete Bär nascht erdbeerähnliche Früchte vom Baum und das schon seit 1967. Wenige Meter entfernt haben die Madrilenen ihrem **Carlos III.** ein Denkmal gewidmet: Schließlich hat der mächtige Herrscher und „beste Bürgermeister" der Stadt das Gesicht des Platzes entscheidend mitbestimmt. Zum festen Bestandteil des Lebens auf der Puerta del Sol sind auch die Losverkäufer der ONCE geworden.

Unterirdisch kreuzen sich hier drei Metrolinien und ein Nahverkehrszug. Viele Buslinien und die unzähligen Taxis sorgen für ständiges Fortkommen.

KURZ & KNAPP

ONCE

Para hoy („für heute") und *tengo el gordo* („ich habe den Hauptgewinn") hört man regelmäßig die Lottoverkäufer rufen. Sie sind blind oder stark sehbehindert und gehören der Nationalen Blindenorganisation Spaniens an (*Organización Nacional de Ciegos de España* = ONCE). Die soziale Einrichtung sichert ihren Mitgliedern einen festen Lebensunterhalt.

◁ *Vorseite: vor dem Königspalast* ❾

Tío Pepe
Dauerhafte Werbeschilder sind
eigentlich untersagt an der Puerta
del Sol, doch die **Leuchtreklame der
Sherrymarke** in Form eines Mannes
mit Sombrero gilt den Madrilenen als
schützenswertes Kulturgut (ähnlich
dem Osborne-Stier in der kastilischen
Pampa).

Sternförmig beginnen zehn Straßen
an der Puerta del Sol, von der aus
auch alle Entfernungen der Natio-
nalstraßen gemessen werden. Auch
wenn sich der geografische Mittelpunkt des Landes etwa 10 km weiter
südlich befindet, liegt der **Kilometer
Null** seit 1950 direkt auf der Puerta
del Sol und wurde damit zum ver-
kehrstechnischen Nabel ganz Spaniens. Auf dem Trottoir vor dem ehemaligen **Postgebäude Casa de Correos**
mit der Nummer sieben und dem
heutigen Sitz der Regionalregierung
Madrids ist er in Stein eingraviert.

Das **einstige Tor** *(puerta),* das dem
Platz seinen Namen gab, wurde im
Rahmen einer Festungsanlage 1539
im Kampf gegen die Regionalisten errichtet. Die Chronisten streiten sich
über die Herkunft des Namens „Puerta del Sol" („Sonnentor"). Fraglich
bleibt, ob sie ihren Namen der Aus-
richtung des Tores in Richtung Osten

Bär am Erdbeerbaum
Das Wahrzeichen Madrids symboli-
siert die Union zwischen Adel (Bär)
und Klerus (Baum). Erdbeerbäume
wachsen als Heidekräuter auf den
Kanaren. Ihre Frucht ist roh ungenießbar, aber für Marmelade und Liköre
(Licor de Madroño) gut geeignet.

oder einer zur Dekoration der Festung aufgemalten Sonne verdankt.

Nach den Kämpfen um 1577 wur-
de das Tor beseitigt und der Platz von
Grund auf neu strukturiert. Einige Gebäude riss man ab und die ersten
Wohnblocks rund um den Platz entstanden. 1766 begann der Bau des
Postgebäudes, ein Jahrhundert später wurde ein kleiner **Uhrturm mit
goldener Glocke** auf die Post gesetzt.
Genau zwölf Sekunden vor Jahres-
ende steht dieses Uhrtürmchen im
Blickpunkt der ganzen Nation: Dann
nämlich kommt es darauf an, zu jedem der zwölf letzten Gongschläge
des alten Jahres eine Traube zu essen. Symbolisch wird jede gegessene
Traubenbeere zu einem guten Monat
im neuen Jahr.
> Metro: Sol

❷ Akademie der Schönen Künste (Real Academia de Bellas Artes) ★★ [D3]

Um Bilder der berühmten Maler zu
sehen, geht so ziemlich jeder in den
Prado ㉒. Und genau deshalb ist die
Real Academia de Bellas Artes eine
wunderbare Alternative, denn hier
gibt es selten Besucherschlangen
und überfüllte Kunstsäle. Die Idee
der Gründung einer Königlichen Akademie hatte der Bourbonenkönig
Fernando V. (1700–1746). Im Geis-
te der Aufklärung förderte er junge
Künstler aus Spanien und Europa.

Eine der wichtigsten Persönlichkei-
ten in der Geschichte der königlichen
Kunstakademie war der Böhme **An-
ton Raphael Mengs** (1728–1779).
Nachdem er 1761 zum spanischen
Hofmaler ernannt wurde, war der
Neoklassiker der unumstrittene
Meister der Kunstszene und domi-
nierte sie viele Jahre. In den Ateliers

der Akademie entstanden auch die Radierungen „Los caprichos" („Die Launen") von **Goya,** der später selbst Direktor der Akademie war. Seine im Goya-Saal ausgestellten Werke „Das Inquisitionstribunal", „Irrenhaus", „Stierkampf am Ort", „Das Begräbnis der Sardine" und zwei Selbstporträts gehören zu den Hauptattraktionen des Museums. Später studierten hier auch Picasso und Dalí, letzterer bis zu seinem Rauswurf.

Neben den **spanischen Meistern des 17. Jh.** (Ribera, Zurbarán, Murillo und Velázquez) hängen im Akademiegebäude auch die berühmten Porträts von Mengs sowie Werke von van Dyck und Rubens. Insgesamt besitzt die Akademie rund 1400 Gemälde.

❭ Alcalá 13, Metro: Sol oder Sevilla, http://rabasf.insde.es, Di–So 10–15 Uhr, Eintritt 5 €, Mi gratis

❸ Círculo de Bellas Artes ★★ [E3]

In der Calle de Alcalá 42 hat der **Kreis der Schönen Künste** seit 1919 seinen Sitz. Antonio Palacio, der Architekt des heutigen Rathauses im **Palacio de Cibeles ⓴**, entwarf auch

KLEINE PAUSE

Café des Círculo de Bellas Artes

In der überhohen, ehrwürdigen Halle mischen sich Gespräche über Kunst und Kultur mit Geplänkel und Tratsch. Die Tische gruppieren sich um einen schönen weiblichen Akt aus Marmor, den vor rund 100 Jahren ein Bildhauer namens Moisés Huerta angefertigt hat. Im Sommer gibt es Sitzgelegenheiten auf dem breiten Bürgersteig der Calle de Alcalá, doch der Verkehr ist nicht ohne. Eintritt für den Innenbereich 1 €, 9–24 Uhr.

die Pläne für dieses Gebäude. In dem mächtigen Bau ist seitdem ein **Kunstzentrum** mit Ausstellungsräumen, Theatersälen, Räumen für Projektgruppen und Workshops, Ateliers, Bibliothek, Billardraum und Kino untergebracht. Ein im Foyer ausliegendes kleines Monatsheft informiert über die Aktivitäten des Kreises. Der **Karneval-Maskenball** des Círculo de Bellas Artes gehört zu den großen gesellschaftlichen Ereignissen der Stadt. Im Erdgeschoss des Gebäudes ist ein der Öffentlichkeit zugängliches Café der Extraklasse eingerichtet.

038mnd Abb.: tb

> Calle de Alcalá 42, Metro:
Banco de España oder Sevilla, www.
circulobellasartes.com, Infos über aktuelle Theaterstücke auf der Website, Eingang für Theaterkasse und Café in der
kleinen Seitengasse Marques de Casa
Riera (Ecke Alcalá), 9–24 Uhr

❹ Kloster
Descalzas Reales ★★★ [C3]

*Ein Juwel für Kunstliebhaber, das viel
Geschichte atmet.*

Mitten im betriebsamen Viertel der
Einkaufspassagen liegt das Kloster
der „Königlichen Barfüßerinnen". Hinter dem großen Eingangstor in den
mächtigen Mauern aus dem 16. Jh.
verbergen sich **Kunstwerke, die viele Jahrhunderte unzugänglich waren.**
Seit 1986 sind Teile des Klosters, in
denen die noch heute etwa 30 Klaris-
sinnen nicht wohnen, zu bestimmten
Uhrzeiten für Besucher geöffnet. Was
sich in der langen Geschichte des Ordens angesammelt hat, ist überwäl-
tigend und beeindruckend. Das Ar-
mutsgelübde des Ordens wurde in
diesem Kloster offensichtlich nicht
sehr streng gehandhabt.

Die Gründerin des Klosters war
Prinzessin Juana, Tochter Königs Carlos V., die nach dem frühen Tod ihres
Gatten und portugiesischen Kron-
prinzen jung verwitwet von ihrem Vater nach Madrid zurückbeordert wurde. Sie wählte ihr Geburtshaus, den
ehemaligen Renaissancepalast des
Schatzmeisters Alonso Gutiérrez, als
Sitz des Klosters aus. Noch heute erinnern Kacheln an Wänden und Bö-
den in den kleinen Kapellen an den
ehemaligen Palast.

Der „Bettelorden" nannte sich bald
„Descalzas Reales", also „Königliche
Barfüßerinnen", und wurde zum **Hort
für Prinzessinnen und Fürstentöch-**
ter. Manche von ihnen wollten einfach nur dem weltlichen Leben den
Rücken kehren, andere wurden regelrecht ins Kloster verbannt. Weil sie al-
leinstehend, verwitwet oder illegitime
Sprösslinge waren, passten sie nicht
in die bigotte Adelsgesellschaft ihrer
Zeit. Aussteuer und Geschenke an
die Klarissen erklären den **Reichtum
des eigentlichen Bettelordens.** Im gesamten Konvent sind Porträts von
Prinzessinnen und Prinzen zu sehen.
Die Herkunft dieser Bilder ist teils un-
klar, schließlich waren die Nonnen alles andere als Experten in Sachen Ka-
talogisierung und Konservierung von
Kunst.

Im ehemaligen Schlafsaal ist heute die **Pinakothek** eingerichtet. Hier
sieht man flämische Tafelbilder, Werke von Adriaen Isenbrant, Dirk Bouts,
Tizian und spanischen Meistern wie
Zurbarán und Murillo. Interessant ist
auch die einzigartige Gobelinserie
nach Entwürfen von Rubens' „Tri-
umph der Eucharistie" (im Prado ㉒).

Insgesamt spiegelt das Klostermu-
seum eindrucksvoll die Pracht und
den Prunk dieser vergangenen Jahrhunderte wieder. Der **Eintritt ist nur
mit Führung möglich,** die etwa eine
Stunde dauert und kaum ausreicht,
um die vielen Kunstschätze einge-
hend wahrzunehmen. Es werden
auch Führungen auf Englisch und
Französisch angeboten, wenn sich
eine entsprechend große Gruppe
zusammenfindet.

> Monasterio de las Descalzas Reales,
Plaza de las Descalzas, Metro: Sol, Führungen Di, Mi, Do, Sa 10.30–12.45,
16–17.45, So 11–13.45 Uhr, Eintritt:
7 €, Mi/Do ab 16 Uhr gratis

◁ *Nackte Schönheit aus Marmor
im Café des Círculo de Bellas Artes*

Madrid der Habsburger: rund um die Plaza Mayor

Das „Madrid de los Austrias" gehört zu den urwüchsigsten Teilen der Stadt, in dem altes Mauerwerk kaum durch moderne Bauten ersetzt wurde. Man kommt auf luftige Terrassen, vorbei an Läden mit bunten alten Kachelfassaden. Und natürlich haben die Besitzer der Tavernen innerhalb dicker Granitmauern ihre Fassaden als Blickfang mit buntem Schnickschnack behängt, Gitarrenspieler legen stolzen Blick und besonders spanische Gestik an den Tag und die Poster von farbenfroh-kitschigen Stierkampf- und Flamencomotiven sind abends allgegenwärtig. Doch all dies kann dem Reiz der Gegend nicht viel anhaben.

❺ Plaza Mayor ★★★   **[C4]**

Madrids Schaubühne ist so erhaben wie lebhaft.

Wer früh am Morgen hierher kommt, spürt die ganze Weite dieses schönen Platzes. Dann sieht man nur ein paar Passanten über das Pflaster gehen und die Sonnenstrahlen klettern langsam über die Bauwerke des – nach der Plaza Mayor in Salamanca – zweitschönsten Platzes Spaniens. Doch im Laufe des Tages ändert sich die Szenerie. Stühle und Tische werden vor die Cafés gestellt, Zeichner porträtieren, verschönern oder karikieren Kunden und Politiker und Touristen knipsen das **Reiterstandbild** von Felipe III.

Achten Sie einmal auf das Maul des Pferdes: Es ist geschlossen. Früher flogen Spatzen in das Pferdemaul, konnten im Innern aber die Flügel nicht mehr ausbreiten, um wieder herauszukommen. So wurde das Pferdemaul über Jahrhunderte

bis zur Zweiten Republik Anfang der 1930er-Jahre zu einem wahren Vogelfriedhof. Bei der Proklamation der Republik steckte jemand Feuerwerkskörper durch den Schlund in das Innere des Rosses. Nachdem es aus dem Maul geballert und gefunkt hatte, kamen Hunderte kleiner Knochen. Bei der Restaurierung der Statue wurde die Maulöffnung daher geschlossen und seitdem flattern die Vögel gefahrlos um das Denkmal herum.

An dieser Stelle des Platzes lag einst ein staubiges Plätzchen außerhalb der Stadtmauer, bis Juan de Herrera 1590 mit der Planung eines repräsentativen Platzes beauftragt wurde. Sein Nachfolger Juan Gómez de Mora stellte das Rechteck mit dem Säulengang zwischen 1617 und 1619 unter König Felipe III. fertig.

Vier schlichte Türme flankieren die **Real Casa de la Panadería** („Königliches Bäckerhaus") an der Nordseite des Platzes, wo einst der Weizen gehandelt und das Brot für den Königshof gebacken wurde. Es ist an der Fassadenmalerei mit mythologischen Figuren zu erkennen, die der Madrider Künstler Carlos Franco erst vor wenigen Jahren malte. Vom Balkon des Gebäudes rief 1820 Ferdinand VII. – mehr genötigt als freiwillig – die spanische Verfassung aus. Heute hält man von hier aus Festre-

---

KURZ & KNAPP

Plaza Mayor in Zahlen
Sie ist 120 mal 90 Meter groß, der Arkadengang besteht aus 114 Bögen und sieben Toren, zählt 377 Balkone und 76 Fensterluken in den Dächern, die sogenannten *buhardillas*.

den und eröffnet Stadtfeste. Im Erdgeschoss ist die zentrale **Touristeninformation** (s. S. 111) untergebracht.

Der Platz war lange Zeit **Dreh- und Angelpunkt der Stadtgeschichte.** Auf dem einst zentralen Handelsplatz kamen die Bäcker und Fleischer, Tücher, Zwirn und Stoffe lagen aus, Markt wurde abgehalten. San Isidro sprach man hier 1620 heilig, Könige wurden proklamiert, Pferderennen und Turniere organisiert und Stiere gehetzt. Der Platz war eine Bühne und die Fenster wurden zu Logen. Das grausige **Inquisitionsgericht**, erst Anfang des 19. Jahrhunderts endgültig abgeschafft, verurteilte hier im Mittelalter an manchen Tagen bis zu 110 Angeklagte, von denen viele noch am selben Tag auf dem Scheiterhaufen nördlich des Platzes verbrannt wurden. Soziale Auseinandersetzungen im 19. Jh. und politische Veranstaltungen nach Francos Tod machten ihn zum Ort politischer Agitation.

Heute hat sich die Plaza Mayor beruhigt. Selbst die Autos, die man auf Fotos noch über den Platz fahren sieht, sind längst verbannt. Was bleibt, ist ein **geräumiger Treffpunkt, Ort kultureller Veranstaltungen** wie Rockkonzerte, Klassik-, Theater- und Flamencoaufführungen. Sonntags kommen die Münz- und Briefmarkensammler auf den Markt, Restaurants und Cafés brutzeln Spanferkel und lassen Espresso aus Maschinen

039md Abb.: tb

dampfen. Der Platz kommt erst spät zur Ruhe. Die letzten Besucher werden spätestens von den Stadtreinigern vertrieben, die aus Wagen mit dicken Feuerwehrschläuchen über den Platz spritzen, um ihn auf den nächsten Tag vorzubereiten.

❯ Metro: Sol

❻ Colegiata de San Isidro ★ [C5]

Die Kirche San Isidro Labrador wurde im 17. Jahrhundert erbaut und gehörte zunächst den Jesuiten, bis man diese 1767 vertrieb. Mit dem lateinischen Kreuz als Grundriss ist das Gotteshaus **eines der großen Werke barocker Architektur.** 1885 wurde es

⌂ Auf der Plaza Mayor haben die Maler immer Hochkonjunktur

von der Diözese Madrid-Alcalá zur Kathedrale erhoben und blieb es, bis die Almudena-Kathedrale ❿ 1993 endlich fertig war.

Im ersten Jahr des Bürgerkrieges gingen bei einem Brand die Kunstschätze im Kircheninnern verloren. Heute befinden sich darin die Reste des **Schutzheiligen der Stadt, San Isidro**, weshalb sie für die Madrilenen eine ganz besondere Bedeutung hat. Vor allem beim Stadtfest zu Ehren des Heiligen im Mai (Fiesta de San Isidro, (s. S. 14) finden Prozessionen zur Kirche stadt, die den Verkehr drumherum für Stunden lahm legen.
❯ Calle Toledo 37, Metro: La Latina, tgl. 7.30–13.30 u. 18–21 Uhr

❼ Mercado San Miguel ★ [B4]

An der Plaza de San Miguel gleich westlich der Plaza Mayor befindet sich die gusseiserne Markthalle Mercado de San Miguel. Das Bauwerk aus Glas und Eisen, wegen der miserablen hygienischen Zustände auf dem Marktplatz errichtet, ist eine abwechslungsreiche Komponente zwischen den schwerfälligen Backsteinbauten. Innerhalb der wohl **schönsten Markthalle der Stadt** ist ziemlich viel Betrieb, werden Kabeljau, Champagner und Backwaren gehandelt.

Einst war es eine einfache Markthalle mit viel Lärm und Geklapper,

heute ist es eher ein **Gourmettempel mit internationalen Produkten**. Und das kommt nicht bei allen Bewohnern gut an. Sie begrüßen es, wie liebevoll der Bau restauriert wurde. Aber dass dort Produkte aus Wien und Parma statt aus Kastilien über die Ladentheke gehen, versteht nicht jeder …
❯ Plaza de San Miguel, Metro: Sol, So–Mi 10–22, Do–Sa 10–2 Uhr

❽ Plaza de la Villa ★ [B4]

Die wunderschöne Plaza de la Villa ist der älteste, zivile Platz der Stadt und stammt aus dem 15. Jahrhundert. An die 35 mal 70 m große Fläche schließt sich eine Filiale des Rathauses, die Casa de Cisneros und der Torre de los Lujanos an.

Das **Rathaus** (ayuntamiento) plante Juan Gómez de Mora 1586 im nüchternen Herrera-Stil der Spätrenaissance. Nach über 100 Jahren war es fertiggestellt. Ende des 18. Jahrhunderts fügte Juan de Villanueva einen Balkon mit Blick auf die Calle Mayor hinzu. Einst konstitutionelles Haus und Gefängnis in einem, bietet das *ayuntamiento* einen Lichthof, eine Gobelinsammlung, repräsentative Räume und den Salón de Goya, der das Bild „Allegorie von Madrid" beherbergt. Der Bürgermeister allerdings residiert inzwischen im Palacio de Cibeles am Paseo del Prado (siehe ⓴).

Die **Casa de Cisneros** ist durch eine geschlossene Brücke mit dem *ayuntamiento* verbunden. Ein Verwandter des Kardinals und Kanzlers Cisneros, Gründer der Universität Alcalá de Henares, ließ es im 16. Jahrhundert errichten. Die Hauptfassade ist auf die Calle del Sacramento gerichtet und beispielhaft für die dekorative Spätgotik.

▷ *Erbaut nach französischem Vorbild: der Königspalast*

Das älteste Gebäude am Platz gegenüber dem Rathaus, der **Torre de Lujanos**, ist für Besucher geschlossen. Der Turm aus dem 15. Jahrhundert gehört zu den wenigen erhaltenen zivilen Bauten seiner Zeit, angeschlossen ist heute die Königliche Akademie für Ethik und Politikwissenschaften. In dem Turm ließ Carlos V. seinen Gegner Franz I. nach der Schlacht von Pavia 1525 festhalten. Doch einen so großzügig behandelten Gefangenen hatten die Madrider Gefängnisse sonst wohl selten. Der französische König nahm an Banketten teil, war Gast zahlreicher Feierlichkeiten und spazierte frei durch Madrids Straßen und Anlagen wie seine heutigen Besucher – die selten in so einem Luxusturm wohnen.

> Besichtigungen des *ayuntamiento* und der Casa de Ciscneros: Mo um 17 Uhr nach Voranmeldung am Infoamt an der Plaza Mayor (s. S. 111), Eintritt 3,90 €
> Metro: Ópera

Prunk und Musik: Königspalast und Umgebung

Rund um die schön gestaltete Plaza de Oriente mit ihren Statuen und Cafés liegen der Königspalast und die Oper, hier zeigt sich Madrid von seiner historisch-monumentalen Seite. Die Gegend ist die gepflegteste der Stadt und die Wohnungen sind die teuersten weit und breit.

❾ Palacio Real ★★ [A3]

Das gewaltige Bauwerk wurde nach französischem Muster (Versaille) errichtet.

Der Palacio Real, auch Palacio de Oriente genannt, ist eine wuchtige Steinanlage, die mit dem maurischen *alcázar* (Burgsschloss) von einst an derselben Stelle nichts mehr gemein hat. Dem ersten Bourbonenkönig Fe-

040md Abb.: tb

Prunk und Musik: Königspalast und Umgebung

lipe V. gefiel die zugige, unkomfortable arabische Festungsanlage ohnehin nicht. Und als in der Weihnachtsnacht 1734 eine Gardine Feuer fing, was das ganze Schloss in Schutt und Asche legte, frohlockte Felipe insgeheim. Jetzt konnte er es den Adelskollegen in Versailles endlich zeigen: Ein riesiges, prächtiges Schloss sollte entstehen, vor dem man in Frankreich vor Neid zu erblassen hatte.

Der König engagierte italienische Architekten wie Sacchetti, ließ grauen Granit aus der Sierra de Guadarrama und weißen Colmenar-Stein holen. Durch den Brand hatte man gelernt, völlig auf brennbares Material zu verzichten. **An der Konstruktion arbeiteten Generationen von Baumeistern** und starben über die Jahrzehnte hinweg zahlreiche Arbeiter bei den gefährlichen Bauarbeiten. Nach 26 Jahren stand 1764 das quadratische Bauwerk, der Innenhof wurde gepflastert, die Räume ausgestattet und König Carlos III. bezog als Erster die teils noch unfertigen Gemächer. Abgesehen von der Besetzung Napoleons bewohnten die spanischen Könige das Schloss von damals an bis 1931, als die Zweite Republik König Alfonso XIII. vertrieb. Noch kurz vor seinem Tod 1975 wetterte Franco vom Balkon aus gegen ausländische „Verleumdungen", verteidigte die letzten Todesurteile und hetzte gegen die Kommunisten.

Wuchtige Quadersteine und ein gewaltiges Fundament stützen das Schloss, das nach außen von der traditionell reichen Dekoration des spanischen Barock absieht. Ist es überhaupt spanisch? Die Fenster erinnern an den Pariser Louvre und die vier vorgezogenen Palastecken sind nicht in der Art der spanischen Schlösser nach oben gezogen. Dennoch erkennen Kunstverständige im Palacio Real einen spanischen *alcázar*: **dominant, unnahbar, fast einschüchternd.**

Die **Hauptfassade** zeigt nach Süden zur Plaza de la Armería, von wo aus man die Komposition des Schlosses im Sonnenlicht glitzern sieht. Dahinter liegt die Parkanlage **Campo de Moro,** von der aus die Araber vergeblich versuchten, die alte Festung einzunehmen. (Die Pest vertrieb sie.) Der Blick schweift von hier aus über den Manzanares-Fluss auf den Dunst der Vorstadt.

Durch den Haupteingang führt eine **majestätische Treppe Sabatinis** in den Palast. In spanischer, französischer, englischer und deutscher Sprache führt man die Besucher durch 50 der insgesamt 280 Gemächer. **Pracht und Reichtum** blenden den Betrachter. Barocke Deckengemälde von Tiépolo wechseln sich mit klassischen von Mengs ab, das Ticken der Uhrmacherkunst aus drei Jahrhunderten, welche die Könige mit Leidenschaft sammelten, hallt wider. Der riesige Komplex beherbergt **Gemälde von Bosch über El Greco bis Goya,** wertvolles Porzellan, über 15.000 Wandteppiche, Wandtapeten, Fresken, Stuckdekorationen, einen prunkvollen Galaspeisesaal mit einem Tisch für 150 Personen und als Höhepunkt die reich verzierten Privatgemächer Carlos III. Dazu kommt die Sonderabteilung der **Königlichen Bibliothek** im Erdgeschoss mit 300.000 Bänden, Stichen, Landkarten und Noten,

EXTRAINFO

Blaue Flagge

Weht am Königspalast die blaue Flagge, dann ist seine Hoheit König Juan Carlos gerade zugegen. Will heißen: Das Volk muss draußen bleiben.

0411nd Abb.: 1b

die **Königliche Apotheke** („Real Oficina de Farmacia") mit nachgebauter „Alchemistenküche" und zahlreichen historischen Medikamenten und als Abschluss schließlich die Rüstungen, Degen, Flinten und Schilder der **Königlichen Waffensammlung.**

Die **obligatorische Führung** schafft die zugänglichen Räume in einer Stunde und den Besucher schafft die Geschwindigkeit, mit der er von Saal zu Saal eilt. Der Blick fürs Detail wird einem da nur selten gewährt, denn im Hintergrund drängt schon die nächste Gruppe. Ein Besuch lohnt nichtsdestotrotz, auch wenn man vielleicht draußen vor der Eingangstreppe von Sabatini längere Zeit gewartet hat, als die Besichtigung dauert.

Zu festlichen Anlässen kommt König Juan Carlos noch gelegentlich ins Schloss, lädt hohe Gäste in den Speisesaal oder empfängt Botschafter im Thronsaal, wo vergoldete Löwen die Monarchen-Möbel bewachen. Doch residiert der heutige Monarch nicht mehr im Palast, sondern im nord-westlich der Stadt gelegenen Palacio de la Zarzuela.

❯ Eingang Calle Bailén, Metro: Ópera, April–Sept. tgl. 10–20, sonst 10–18 Uhr, bei Festakten geschlossen, Eintritt 11 €, für Studenten frei, freier Eintritt für EU-Bürger Okt.–März Mo–Do 16–18, April–Sept. Mo–Do 18–20 Uhr. Audioguide 4 €.

❿ Kathedrale Almudena ★ [A4]

Die Kathedrale erhebt sich im Süden der Plaza de Armería in unmittelbarer Nachbarschaft zum Königspalast. Das 73 m hohe Gotteshaus ist der Schutzheiligen der Stadt, Almudena, gewidmet. 1870 begann man den Sakralbau im neogotischen Stil, doch

⌂ *In der Kathedrale Almudena heiratete Prinz Felipe seine Letizia*

Prunk und Musik: Königspalast und Umgebung

weil die Stadtoberen offenbar Wichtigeres zu tun hatten, konnte er **erst 1993 vollendet** werden.

Mit den zwei Türmen, die im Vergleich zum nahen Palast wie dürre Stäbchen in den Himmel stechen, steht die Kathedrale etwas verlassen und nachts von ein paar Scheinwerfern bestrahlt auf einem leeren Platz. 2004 stand sie aber kurzzeitig im Rampenlicht, als hier vor den Augen der ganzen Welt das Prinzenpaar Felipe und Letizia heiratete. Dabei waren Brautkleid und Frisur natürlich wesentlich aufregender als das **unterkühlte Innere** des Baus. Die Folge: Wer heute in der Almudena-Kathedrale heiraten will, muss sich sehr lange im Voraus anmelden, denn der Andrang ist enorm.

❯ Calle Mayor 90, Metro: Ópera oder La Latina, tgl. 9 – 19.30 Uhr, Eintritt frei, Museum und Krypta 6 €

KLEINE PAUSE

Klassische Cafés

Das **Café del Real** (s. S. 32) mit Spiegelgläsern und klassischen Kaffeehausstühlen ist die traditionellste Adresse an der Plaza de Oriente: sehr gediegen und vornehm wie die ganze Gegend hier.

⓫ Plaza de Oriente mit Teatro Real (Oper) ★ ★ [B3]

Auf dem **Platz zwischen Schloss und Oper** ruhen sich Spaziergänger auf den Bänken aus oder bestellen sich eine Erfrischung in den angrenzenden Cafés. Auch zu später Stunde trifft man sich hier, um die von über tausend Scheinwerfern erleuchtete Kulisse des Palastes zu genießen. Zwischen Laubbäumen blicken westgotische und asturische Könige

042md Abb.: tb

auf das Zentrum des Platzes, wo sich das **Reiterdenkmal Felipes IV.** – umsäumt von Grünflächen – aufbäumt. Entworfen hat es damals der berühmte Hofmaler **Velázquez.**

Der Blick Felipes zu Pferde fällt auf die **Oper, auch „Teatro Real"** („Königliches Theater") genannt. Hier münden Verdis „La Traviata" oder auch russisches Ballett schon mal in tosendem Applaus. Der granitgraue, eckige Bau wirkt von Außen wesentlich strenger als das plüschige Innere, in dem allein der Hauptsaal bis zu 1700 Zuschauer fasst.

> **Teatro Real (Oper),** Plaza de Oriente, Metro: Ópera, Tel. 915160660 (Kartenbüro), www.teatro-real.com, Kartenreservierung Mo–Sa 10–20 Uhr

Die Hauptfassade mit ihren fünf Torbögen im unteren Geschoss ist etwas schlichter als die Seite zur Plaza de Isabel II hin. Dort an der Hinterseite befindet sich das **Real Conservatorio de Música** (Königliches Konservatorium für Musik). Dies ist der Grund dafür, dass man in der Umgebung, besonders in den kleinen Gassen über die Calle de Vergara hinweg, **viele Musikläden** sieht. In den anliegenden Cafés verkehren Künstler und Intellektuelle, Tänzer und Musiker.

⑫ **Real Monasterio de la Encarnación** ★★ [B3]

Das **Augustinerinnenkloster** ist nicht ganz so elegant und erhaben wie das Monasterio de las Descalzas Reales ➍, interessant ist es aber allemal. Getrennt von den Räumen der hier lebenden Nonnen zeigt das 1611 von Felipe III. und seiner Gemahlin gegründete Monasterio **einige Räume als Museum.** Schon seit 1965 können die Besucher den

Kreuzgang, die Kapelle und den Nonnenchor besichtigen. Ein Kuriosum ist der **Reliquiensaal,** in dem neben Knochen und Schädeln eine Ampulle mit dem Blut des Märtyrers San Pantaleón aufbewahrt ist. Auf wundersame Weise soll es sich zwischen dem 26. und 27. Juli jedes Jahr vorübergehend wieder verflüssigen.

> Plaza de la Encarnación 1, Metro: Ópera, Di-Sa. 10.45–12.45 u. 16.15–17.45 Uhr, Fr 10.45–12.45 Uhr, So 11.15–13.45 Uhr, Führungen nur auf Spanisch, Eintritt: 7 €, Mi, Do ab16 Uhr gratis

⑬ **Plaza de España** ★ [B2]

Der Platz scheint kleiner, als er tatsächlich ist: Immerhin hat er die dreifache Größe der Plaza Mayor ➎ und war bis zum Bau der Plaza de Colón [G2] **lange Zeit größter Platz der Stadt.** Im Mittelpunkt steht das **berühmte Cervantes-Denkmal.** Als 1915 der Wettbewerb für ein Denkmal zu Ehren Cervantes' ausgeschrieben wurde, erwartete ganz Spanien gespannt das Urteil der Jury. Aus 53 Modellen sollte im Kristallpalast des Retiro-Parks ㉕ das beste gekürt werden. „Das Monument, das jetzt ausgewählt wird, wird das wichtigste nationale Denkmal sein", schrieb die Zeitschrift La Ilustración Española y Americana. Letztlich gewannen die Bildhauer Don Rafael Martínez Zapatero und Don Lorenzo Coullant Valera den Wettbewerb. Sie hätten sich wohl nicht träumen lassen, dass noch

◁ *Beachtliche Statik: das Pferd von Felipe IV. steht auf zwei Beinen*

Prunk und Musik: Königspalast und Umgebung

043md Abb.: tb

Gran Vía [B2–E3]

1917 begann der Kahlschlag. Eine Prachtstraße sollte quer durch die Innenstadt verlaufen, die engen Gassen ersetzen und die Calle de Alcalá mit der Plaza de España ⓭ *verbinden. Schmucke Fassaden entstanden, auf den Dächern ziehen Pferde die Gladiatorenwagen, doch die Konstruktionsweise der Gebäude an der Gran Vía ist für die damalige Zeit hochmodern, denn erstmals verwendete man Stahlgerüste. Die „Große Straße"* **beginnt am legendären Turm „Metropolis"** *und die folgenden Paläste an der Gran Vía sind nach Pariser Vorbild gebaut.*

Ende der 1920er-Jahre begannen dann die Arbeiten am imposantesten Gebäude des gesamten Boulevards, der **Telefónica.** *Für den* **Turm der Telefongesellschaft** *(Gran Vía Nr. 28) setzten die Arbeiter 680 Fenster ein, bauten 503 Türen und befestigten schließlich eine Uhr auf dem 82 m hohen Turm. Sie gibt den Rhythmus vor, während unten die Shops, Restaurants, Cafés und Kinos jede Menge zu tun haben. Die Gran Vía ist zum Shoppen sehr geeignet – und ganz sicher die* **Pulsader Madrids.**

13 Jahre bis zur Umsetzung des Projekts vergehen sollten, dass an der Statue der bronzene Sancho Panza im Bürgerkrieg die Fahne der Republik tragen sollte und heute geschätzte 2000 Digitalaufnahmen pro Tag von ihm und Don Quijote gemacht werden.

Architektonisches Highlight am Platz ist das **Edificio de España** an der Ostseite des Platzes. Das arme Spanien der 1950er-Jahre, gegeißelt von der Autarkiepolitik Francos, bekam das damals höchste Gebäude Europas. Nach amerikanischem Vorbild birgt der Koloss eine Art Kleinstadt: Einkaufsebenen, Hotels, Büros, Verwaltungsräume und Erholungszonen werden von 32 Aufzügen und unzähligen Gängen miteinander verbunden. Der höchste Turm der breiten, glatten Fassade misst 107 m.

Fast im gleichen Atemzug entstand 1954 an der Nordseite ein Hochhaus ähnlichen Kalibers: Das **Edificio Torre de Madrid** entstand mit seiner Stahlkonstruktion nach der zu seiner Zeit modernsten Bauweise. Es beherbergt viele Büroräume und die hier arbeitenden Angestellten laufen mit Vorliebe über die Plaza zum nächsten Pausencafé.

❯ Metro: Plaza de España

⌂ *Berühmte Figuren: Don Quijote und Sancho Panza auf der Plaza de España* ⓭

La Latina – die unscheinbare Schöne

La Latina ist eine vor allem tagsüber ruhige Altstadtzone, in der die Bewohner in die Cebada-Markthalle gehen, kleine Lkws Gasflaschen anliefern und manche Gassen wie ausgestorben wirken. Mitte August wird es hier lebhaft: beim Stadtfest La Paloma – und abends auch auf den Plätzen de la Paja und Las Vistillas.

⓮ Plaza de la Paja ★★ [B5]

Ein buntes Kachelschild zeigt, dass hier das Heu für die Pferde zum Markt gebracht und an die Postkutscher verkauft wurde. Der abschüssige Sandplatz zwischen hohen Palästen war **einst wichtigster Treffpunkt des maurischen Madrids**, worauf nur noch wenige architektonische Zeugnisse wie ein naher Ziegelturm hinweisen.

Heute dagegen ist die Plaza mit ihren umliegenden und nahen Gassen Cava Baja und der Costanilla de San Andrés und dem Platz Puerta de Moros zu einer klassischen **Anlaufstelle für gute Tapas**, Wein und Freiluftterrassen geworden.

Ein **sehr atmosphärischer Platz**, der anders als die Plaza Santa Ana ⓱ vor allem von den Madrilenen selbst aufgesucht wird.
❯ Metro: La Latina

⓯ Las Vistillas ★ [A5]

Die Parkanlage Las Vistillas bietet einen weiten Blick auf Madrids Vorstadt, den Fluss Manzanares und die Almudena-Kathedrale ⑩. Die Terrasse ist damit **einer der besten Aussichtspunkte** der Stadt. In den Gärten mit Rosensträuchern, Akazien und Eichen versammeln sich im Sommer und zum Fest des heiligen San Isidro im Mai die Madrilenen zu **Konzerten und Stadtfesten mit Tango, Pasodoble und Rock**. Das sollte man sich nicht entgehen lassen – ein Programm gibt es im Tourismusamt an der Plaza Mayor (s. S. 111) –, aber auch auch sonst ist die Anlage ein schöner Treffpunkt mit herrlicher Altstadtkulisse.

Übrigens: Die nahe Brücke zum Königspalast ist mit großen Glasplatten gesichert. Das war nötig, so mancher fiel nämlich zuvor nicht ohne Absicht in den Abgrund.
❯ Metro: La Latina

⓰ San Francisco el Grande ★★ [A5]

Die 42 m hohe Kuppel sieht man schon von Weitem. Seinen Ursprung hat das Gotteshaus im 12. Jahrhundert, als es noch eine kleine Kapelle war, in der sich Franz von Assisi mehrere Jahre aufhielt. Als Kirchenmuseum ist das Sakralgebäude heute ein Wahrzeichen Madrids.

Nachdem das alte Franziskanerkloster abgerissen worden war, entwarf Architekt Francisco de la Cabeza in Anlehnung an die römische Kirche Santa María de Campitelli den Grundriss für die Kirche, an dem schon Ventura Rodríguez und später der berühmte Francisco Sabatini wirkten. Das Werk der drei Architekten war 1785 fertiggestellt. Die **hohe Kuppel** mit einem Durchmesser von 33 m ist ein Meisterwerk, das offenbar auch den Bruder Napoleons, Joseph Bonaparte, faszinierte. Während seiner kurzen Regierungszeit hielt er hier Hof. 1837 erklärte man die Kirche zum Nationaldenkmal.

Rastro-Flohmarkt

Aussteigen an der Metrostation „La Latina". Die Stiegen hinauf durch den stickigen Metrogang, vorbei am Kiosk, der die dickleibigen Sonntagsausgaben der Tageszeitungen an die Frühaufsteher verkauft. Noch ist hier kaum Verkehr. Ein Stück weiter lädt eine junge Frau Eisenstangen für ihren Stand auf dem Flohmarkt auf die Schultern und geht die Calle de Maldonadas hinunter in Richtung Plaza de Cascorro [C5]. Noch einmal tief durchatmen, bevor es in den Gassen des Rastro (s. S. 23) so voll sein wird wie in einem Metrowaggon zu Stoßzeiten. Die Händler sind schon fast alle hier, haben die Waren ausgebreitet und feilschen mit den ersten Kunden.

*Auf dem Rastro gibt es einfach alles: Fächer, Pferdegeschirr, Masken, Schallplatten, Keramik, Bomberjacken, Batterien, Duellpistolen, Weihwasserbecken … Wer Ausgefallenes sucht oder billig einkaufen will, der geht auf den Rastro. Da schlängeln sich Dekorateure genauso durch die Menge wie Touristen oder Filmemacher auf der Suche nach Requisiten. Der Rastro ist **in vieler Hinsicht ungewöhnlich.** Das gilt schon für die Statue auf der Plaza de Cascarro. Wo sonst Heilige, Könige und Fürsten die Parks und Plätze Madrids zieren, blickt hier ein versteinerter Soldat und Held des verlorenen Kubakriegs von 1898, Eloy Gonzalo García, über den Platz. Hier und auf der **Ribera de Curtidores,** der einstigen Gerberstraße, ist der Rastro ein Ort, wo die Händler neben Kunsthandwerk viel Brandneues und Gewöhnliches relativ billig verkaufen. Urwüchsiges findet man auf dieser Hauptachse kaum mehr.*

*Der Rastro liegt wie ein Dreieck zwischen der Calle de Toledo [B5/6], der Ronda de Toledo [B/C6] und der Calle de Embajadores [C5/6]. Er ist uralt und in den Seitengassen der Ribera de Curtidores haben sich **alte Traditionen, Läden und Innenhöfe bis heute gehalten.** Auf der Hauptachse Curtidores handelten einst die Fleischer und Gerber. Von einem nahe gelegenen Schlachtplatz, erklärt ein Lexikon aus dem Jahre 1611 den Ursprung des Namens „Rastro", zog man Hammel- und Ochsenleiber auf die breite Straße, um sie an Pfähle zu binden und zu schlachten. Die über das Pflaster geschleppten Tiere hinterließen eine blutige Spur – und die heißt auf Spanisch „rastro". Einer eher humorvollen Version zufolge kommt der Name von den Gerichtsvollziehern, die hier der Spur des Diebesgutes nachgingen. Die Legende hat einen wahren Kern: Noch heute werden auf dem Markt der hunderttausend Artikel **jede Menge geklauter Gegenstände** umgesetzt, die man unter anderem auf dem Rastro selbst gestohlen hat.*

Zwischen Farbkästen und Vogelkäfigen

Farbenfroh geht es in der Calle San Cayetano zu. „Gasse der Maler" nennen sie die Anwohner, denn hier stehen Ölgemälde auf Farbkästen an die Wand gelehnt, Maler rufen Preise wie auf einer Versteigerung aus. Vor den Galerien reiht sich gerahmter Kitsch mit Strandmotiven, Heiligenfiguren und vollbusigen, halbnackten Frauen aneinander. Farbe kleckst auf den Boden, Pinsel und Rahmen stehen zum Verkauf. In der Parallelstraße Calle

044md Abb.: tb

de Fray Ceferino González übertönt
das Piepsen, Zwitschern, Jaulen und
Scharren von allerlei Getier den CD-
Player, dessen Sevillana-Melodie zwischen stupsnasigen Welpen und auf-
gebrachtem Federvieh untergeht. Die
enge, schattige „*Vogelgasse*" ist an
den Häuserwänden mit Hunderten
von Käfigen behangen.

Überall stehen Leute an den Tresen
bei einem Glas Cidre, dazu ein Stück
Chorizo-Wurst, Schinken, Schafskä-
se oder eine Tapa aus Lachs und Oliven. Unter Glas schwimmen Schweins-
ohren in Öl, daneben Schnecken und
kleine Krebse. Andere nippen draußen

im Freien am trockenen Rioja. Wenn
zwischen 14 und 15 Uhr die Stände
und Läden schließen, ist das sonntäg-
liche Happening auf dem Rastro noch
lange nicht vorbei.

◹ *Auf dem Rastro sind u. a.
Regisseure, Schnäppchenjäger und
Taschendiebe unterwegs*

Im Innern führt ein Rundgang an überlebensgroßen Apostelfiguren und zahlreichen Gemälden großer Künstler vorbei. Die Kuppel malte Bayeu aus, in den Kapellen und den Räumen hinter dem Altar sind **Gemälde von Zurbarán, Velázquez, Maella und Rubens** zu sehen. Das Juwel der Kirche befindet sich in der ersten Kapelle links. Es ist **Goyas „Predigt des Heiligen Bernhard an Alfonso V.".** Unbestritten erlangte der Maler hiermit erstmals seinen verdienten Ruf in der Madrider Öffentlichkeit. Am rechten Rand ist ein Selbstbildnis des jungen Goya zu sehen.

› San Buenaventura 1, Metro: La Latina, Öffnungszeiten des Kirchenmuseums: Di–So 11–13 u. 16–19 Uhr, Eintritt 3 €

Huertas – das Viertel der Literaten

Das Stadtviertel Huertas wird oft auch als das Stadtviertel der Literaten („barrio de los literarios") bezeichnet. Viele der kleinen, engen Sträßchen rund um die Plaza Santa Ana in Richtung Atocha und Plaza de las Cortes (Parlamentsplatz) sind nach den ehemals dort lebenden Schriftstellern benannt.

Der große Meister der spanischen Komödie, **Lope de Vega,** wohnte und starb in der Straße Cervantes 11. Wer Lust hat, vom Schlafzimmer des Literaten und Priesters aus einen Blick in die hauseigene Kapelle zu werfen, kann das Museum in Lopes ehemaligem Haus besuchen (siehe **18**). Der Schriftsteller Quevedo, Vertreter der

▷ *Arbeitsintensiv: die Glasfront des Museo Reina Sofía*

spanischen Literaturepoche des Barock im 17. Jahrhundert, wohnte im Eckhaus der Calle de Quevedo/Calle de Lope de Vega [E4]. Über der Jazzbar an der Plazuela de San Juan wiederum erinnert eine Gedenktafel an den Dramenautor Leandro Fernández de Moratín. Unweit der Schreibtische der Dichter wurden damals viele ihrer Dramen in den Madrider Innenhöfen inszeniert. Heute ist Huertas das **Stadtviertel mit dem quirligsten Nachtleben.**

17 Plaza Santa Ana ★★★ [D4]

Hier tobt das Nachtleben, hier gibt es die beste Auswahl an Bars und Tavernen.

Die Plaza Santa Ana ist **Dreh- und Angelpunkt des Madrider Nachtlebens.** Am Platz und in unmittelbarer Umgebung finden sich die meisten Tavernen, Kneipen und Musikbars in ganz Madrid. Gleichzeitig wird der Platz eingerahmt vom **altehrwürdigen Teatro Español,** dessen Portal die Porträts berühmter Dichter schmücken, und gegenüber von dem weiß glänzenden Hotel Reina Victoria, in dem gerne auch mal berühmte Hollywoodgrößen und Toreros absteigen. Vom Dach des Hotels hat man einen tollen Blick über den Platz, allerdings erst bei Nacht (Aufzug zur Terrassenbar The Penthouse, s. S. 33).

Der Platz ist geräumig, der Verkehr minimal und es gibt viele Terrassencafés, die es erlauben, die lebhafte Nightlife-Szenerie zu beobachten. Dass Madrid diese **wunderbare Freilichtbühne** überhaupt hat, verdankt sie dem Bruder von Napoleon. Joseph Bonaparte ließ während seiner kurzen Regentschaft reihenweise Klöster einreißen, um das urbane Gewirr zu entflechten, und so musste auch das

045md Abb.: tb

Kloster der Heiligen Anna auf dem gleichnamigen Platz dran glauben. Heftig schimpften die Madrilenen damals über den unreligiösen, überheblichen und angeblich auch ziemlich oft alkoholisierten Franzosen, doch die heutigen Bewohner und Besucher freut die Weite des Platzes.

❯ Metro: Sol oder Antón Martín

⑱ Casa Lope de Vega ★   [E4]

In diesem Haus **lebte der Madrider Dichter Lope de Vega** im frühen 17. Jh. Das zweistöckige Haus ist typisch für die Bürgerhäuser des 16. und 17. Jahrhunderts und wurde 1935 glücklicherweise unter Denkmalschutz gestellt. In seinen Räumen erinnert das kleine Museum an die großen Zeiten des Spaniers und der kleine Garten ist ein wohltuend schattiger Platz an heißen Tagen. Führungen finden zumeist nur auf Spanisch statt, aber auch so kann man gut die Atmosphäre der damaligen Wohnkultur aufnehmen.

Lope de Vega selbst hat sich hier wohl nicht häufig ausruhen können, denn der Workaholic saß die meiste Zeit am Schreibtisch. Er verfasste an die 1500 Volksstücke, sogenannte *Comedias,* von denen etwa ein Drittel erhalten ist. Nicht nur seine Nachbarn waren vom Resultat seiner Dichtkunst begeistert, denn Lope de Vega verfasste Bühnenstücke, in denen es um Liebe, Laster und Ehre geht und vor allem auch um die Rechte des einfachen Mannes gegenüber dem dekadenten Adel. Das kam an.

❯ Cervantes 11, Metro: Antón Martín, Di–So 10–15 Uhr, Eintritt frei

⑲ Museo Nacional Centro de Arte Reina Sofía ★★★   [F6]

In diesem Museum hängt eines der bekanntesten Bilder der Welt: Pablo Picassos „Guernica". Und weil der Bau mit den gläsernen Aufzügen doch stark an das Pariser Centre Pompidou erinnert, nennen die Madrilenen es auch gerne „Sofidú".

Aushängeschild ist die **moderne spanische Malerei, darunter Picasso, Dalí, Gris, Tàpies und Miró.** 1000 Exponate, allein mehrere Dutzend von Picasso, gehören zum Fundus, aber auch viele Fotos. Und schließlich werden ab und zu Filme gezeigt, darunter „Ein andalusischer Hund", den Dalí Ende der 1920er-Jahre gemeinsam mit Regisseur Luis Buñuel drehte und der als Meisterwerk des surrealistischen Films gilt.

Das **ehemalige Madrider Krankenhaus** ist seit 1985 Sitz der Fundación Reina Sofía. An den historischen Bau schließen sich hochmoderne Anbauten an, wodurch das Reina Sofía inzwischen eine sagenhafte Gesamtfläche von fast 85.000 m² aufweist. Und die **extravaganten Glasaufzüge** an der Hauptfassade sorgen dafür, dass man schon von Weitem auf die „Königin Sofía" aufmerksam wird.

Die **Dauerausstellung im 2. und 4. Stock** widmet sich vorwiegend der spanischen und internationalen Kunst des 20. Jh. Beachtlich sind neben dem 8 m breiten und 3,5 m hohen Guernica-Bild in Saal 7 – und den zahlreichen Vorbereitungsskizzen dazu – noch einige andere wertvolle Bilder. Dazu gehören „Der große Masturbator" von Dalí, „Gitarre vor dem Meer" von Juan Gris und „Frau in blau" („Mujer en Azul") von Pablo Picasso, aber auch Gemälde von Kandinsky, Magritte und Miró, von dem es auch einige Metallskulpturen gibt.

Der 3. Stock ist der Grafik und der Fotografie gewidmet. Auch die **Wanderausstellungen** des Reina Sofía haben einen guten Ruf. Neben der Tagespresse informiert auch die Website des Museums über aktuelle Ausstellungen, Veranstaltungen und Themenschwerpunkte.

Auf der Eingangsebene im 1. Stock gibt es einen schönen **Museumsshop,** der neben kleinen Designartikeln und witzigem Krimskrams auch Kunstkarten und Kunstdrucke verkauft. Interessant ist vor allem das umfangreiche Angebot an Büchern rund um Malerei, Architektur usw.

❯ Santa Isabel 52, Metro: Atocha, Tel. 914675062, www.museoreinasofia. es, Mo, Mi, Do, Sa 10 – 21, Fr 10 – 23, So 10 – 14.30 Uhr (komplettes Museum), So. auch 14.30 – 19 Uhr (dann Teile des Museums geschlossen), Di geschlossen, Eintritt: 8 €, So 15 – 19 Uhr gratis

KURZ & KNAPP

Guernica

Picasso erhielt 1936 von der spanischen Regierung den Auftrag, für die Pariser Weltausstellung 1937 ein Bild zu malen. Als aber deutsche Bomber der Legion Condor während des Spanischen Bürgerkriegs die baskische Stadt Guernica zerstörten, verwarf der damals 56-jährige seinen ursprünglichen Entwurf und entschloss sich zu einem zündenden Protestdenkmal. Vier Wochen lang entwarf er Skizzen für das Motiv, die heute im Saal vor dem des Hauptwerks zu sehen sind und den Werdegang des schwarz-weiß-grauen Ölgemäldes veranschaulichen. Wegen des Konflikts zwischen Picasso und Diktator Franco hing das Bild viele Jahre im New Yorker Museum of Modern Art und kam erst 1981 nach Madrid, als Franco bereits sechs Jahre tot war.

❯ *Lebendige Kunst im Retiro-Park* **25**

054md Abb.: tb

Kunst und Botanik: rund um den Paseo del Prado

An und nahe der begrünten Allee Paseo del Prado stehen – nur wenige Gehminuten voneinander entfernt – die drei wichtigsten Museen der Stadt. Bei derart viel Kunstbetrachtung ist es gut und praktisch, dass der schöne Retiro-Park zum Ausspannen ganz in der Nähe liegt.

⑳ Plaza de Cibeles ★   [F3]

Im Brunnen auf der Plaza de Cibeles am Paseo del Prado ziehen zwei kräftige Löwen den Wagen der griechischen Erdgöttin Kybele (span. Cibeles). Als der Spanier Francisco Gutiérrez die Marmorstatue und den Wagen im 18. Jh. konstruierte, wurde das Löwengefährt von Pferdekutschen der Madrider Noblesse umrundet. Den heutigen Anblick hätte er sich nicht träumen lassen: Die Göttin umbran-

det ein **motorisiertes Chaos** wie sonst kaum in der Stadt. Über 217.000 Autos lärmen an Arbeitstagen um die Statue – selbst wenn die Löwen brüllen könnten, man würde sie nicht hören. Kybele schaute noch Anfang des 20. Jh. in Richtung Prado, bis sie um 90 Grad mit Blick hin zur Puerta de Sol ❶ gedreht wurde.

Auf dem Platz schneidet sich die Ost-West-Achse der Calle de Alcalá mit dem Paseo del Prado, der den Verkehr aus dem südlichen Atocha-Viertel kanalisiert, und dem Paseo de Recoletos. Am Platz hatte der mächtige Herzog von Alba einst den **Palacio Buenavista** gebaut, in dessen Gemäuern aus dem 17. Jh. heute Teile des Verteidigungsministeriums untergebracht sind. In den Gemächern wohnte die Herzogin von Alba, die Goya malte und offenbar auch liebte

Kunst und Botanik: rund um den Paseo del Prado

(s. S. 50). Die Gemälde der schönen Herzogin hängen wenige Schritte weiter im Prado **22**.

Im Umkreis stehen wichtige Gebäude wie das der Banco de España, der Börsenpalast und das edle Ritz-Hotel. Doch der beeindruckendste Bau ist der **zuckergussartige, neobarocke Palast des Fernmeldewesens**, dem **Palacio de Cibeles** (ehemals Palacio de las Comunicaciones), in dem heute der Bürgermeister der Stadt residiert. Messingbeschlagene Drehtüren, Marmorfliesen, Türmchen, Ornamente, Götterfiguren … Kein Wunder, dass Leo Trotzki darin eher ein Kirchenschiff sah und dem Palast und **heutigen Rathaus** den Spitznamen „Unsere Jungfrau des Fernmeldewesens" gab.

Vom **Aussichtsturm** des Palacio de Cibeles aus bietet sich dem Besucher ein Blick auf den Plaza de Cibeles und weit in die Madrider Innenstadt hinein.

❯ Metro: Banco de España

Puerta de Alcalá [G3]

048md Abb.: tb

Östlich des Cibeles-Platzes liegt das stattliche Stadttor Puerta de Alcalá. Der Bourbonenkönig Carlos III. ließ seinen Architekten Francisco Sabatini ein Tor mit fünf Bögen aus geschliffenem weißen Colmenar-Granit bauen. Gutiérrez wiederum schuf die Waffen und verspielten Kinderfiguren. Einst lag hier eines der letzten Tore der alten Stadtmauer. Mit der Puerta de Toledo im Süden ist sie das einzige noch erhaltene Tor der Stadt und zugleich eines ihrer Wahrzeichen.

▱ *Von Ana Belén besungen und von Historikern geliebt: das Alcalá-Tor*

CentroCentro – das neuste Highlight in Madrid

CentroCentro heißt das jüngste und modernste **Kulturzentrum** der Stadt. Untergebracht ist es hinter der zuckergussartigen Barockfassade des Palacio de Cibeles ⑳. Die Besucher erleben wunderbar lichte Ausstellungsräume auf acht Etagen, finden viel Platz zum Entspannen in Räumen mit Sesseln und Tischen, eine Cafetería und bewundern die extravagante Glaskuppel.

CentroCentro ist die Arbeit eines Teams rund um den Architekten Francisco Rodríguez Partearroyo.

❯ Plaza de Cibeles 1, Di–So 10–20 Uhr, Aufzug zum Aussichtsturm 2 €. www.centrocentro.org

㉑ Museo Thyssen-Bornemisza ★★★ [F4]

Wer während seines Madridaufenthalts nur ein Museum besuchen will und vor allem moderne Kunst bevorzugt, ist hier goldrichtig. Zudem wird man nicht wie im Prado vom Umfang der Kollektion erschlagen.

Im **lichtdurchfluteten, geräumigschönen Villahermosa-Palast** ist seit 1992 das Museum Thyssen-Bornemisza untergebracht. Es beherbergt eine der weltweit bedeutendsten privaten Kunstsammlungen. 775 Werke aus sieben Jahrhunderten kaufte der spanische Staat dem **deutsch-ungarischen Magnaten Baron Thyssen-Bornemisza** ab, der zu dieser Zeit bereits mit der Ex-Miss-España Carmen Cervera verheiratet war. Die Summe von 225 Millionen Euro war nicht gerade ein Schnäppchen, aber gut investiert, denn seit den 1920er-Jahren hatten die steinreichen Barone zahlreiche Werke von Künstlern aus Europa und Amerika gesammelt, darunter **Originale von El Greco, Picasso und Dalí.**

Über mehrere Stockwerke chronologisch angeordnet, sorgfältig aufgehängt und gut erläutert, bietet die Sammlung einen **hervorragenden Überblick über die Geschichte der Malerei** vom 13. bis zum 20. Jahrhundert. Zu den ausgestellten Impressionisten zählen Renoir, Gauguin, Cézanne und Matisse, zu den Expressionisten Kandinsky, Dix, Nolde sowie Munch und zu den Vertretern der Moderne u. a. Klee, Max Ernst und Hopper. Eines der Highlights des Museums ist das surrealistische Bild „Traum, verursacht durch den Flug einer Biene um einen Granatapfel, eine Sekunde vor dem Auwachen" von Dalí, bei dem über einem nackten Frauenkörper (Gala) Tiger und ein Fisch fliegen. Es stammt aus dem Jahr 1944.

Auch der **Museumsshop** überzeugt aufgrund seiner Auswahl an schönen Geschenkartikeln und Büchern und selbst die Aufpasser wirken entspannter als jene im Prado.

❯ Paseo del Prado 8, Metro: Banco de España, www.museothyssen.org, Di–So 10–19 Uhr, Mo geschlossen, Eintritt: 9 €, Metro: Atocha

㉒ Museo del Prado ★★★ [F4]

Der Prado gehört unbestritten zu den wichtigsten Museen der Welt, seine Sammlung umfasst gut 7600 Gemälde aus der Zeit des 16. bis 19. Jahrhunderts sowie 3000 Grafiken, 6400 Zeichnungen und rund 1200 Skulpturen. Aufgrund der gigantischen Anhäufung an Kunst verwundert es nicht, dass nur ein Teil davon ausge-

Kunst und Botanik: rund um den Paseo del Prado

stellt werden kann. So ist derzeit trotz umfangreicher Erweiterungen weniger als ein Drittel der Bilder permanent zu sehen.

Kaum jemand besucht die Stadt, ohne das gewaltige Museum nicht zumindest einmal besucht zu haben. Unter den Rundsäulen der Vorhalle zum Haupteingang stehen Touristen und planen Rundgänge durch die Gemäldesammlungen. Davor knipsen viele die **Statue von Diego de Velázquez**, der majestätisch mit Degen und Malzeug ausgestattet auf dem Stuhl eines Sockels sitzt. Seinen Platz vor dem Prado hat er verdient, schließlich gehört Velázquez mit Goya zu den größten Malern, die Spanien hervorgebracht hat.

Man kann den Prado (die „Wiese") auf mehrere Arten besuchen. Manche schauen dem Museumsführer interessiert in die Augen, während sie beim Rundgang die wichtigsten Vertreter der spanischen, französischen, italienischen oder flämischen Schule erklärt bekommen. Andere versuchen auf eigene Faust, das riesige Labyrinth irgendwie zu bewältigen. Das ist mutig, denn man läuft Gefahr, den Wald vor Bäumen nicht zu sehen. Der Prado zeigt mehrere Tausend Gemälde, aber man sollte sich davon nicht abschrecken lassen und von vornerein eine Epoche oder einen Maler aussuchen.

Der Prado, einst als naturwissenschaftliches Museum konzipiert, hatte lange Zeit **Platzprobleme**, ein Großteil der Kunstschätze blieb im Keller verstaut. Doch vor wenigen Jahren erweiterte der Stararchitekt Rafael Moneo die Ausstellungsfläche, indem er den **Kreuzgang der Jerónimos-Kirche** integrierte und damit die Gesamtfläche des Prado auf 58.000 m² erhöhte.

Der Prado ist im Schwerpunkt die **Sammlung der Habsburger- und Bourbonenkönige des 16., 17. und 18. Jh.** Aus vorangegangenen Jahrhunderten gibt es nur wenige Beispiele, moderne und zeitgenössische Malerei findet man im nahen Museo de Arte Reina Sofía ⓳ und im Palacio Villahermosa (Thyssen-Sammlung) ㉑. Nirgendwo sonst ist spanische Malerei so gut vertreten wie hier, aber auch andere europäische Künstler kommen zur Geltung. Dabei spiegelt die Kollektion der Monarchen politische Feindschaften genauso wider wie persönliche Vorliebe: Engländer und Holländer gibt es kaum, Flamen und Italiener sind zahlreich vertreten. Zudem ist die Sammlung bis heute keineswegs lückenlos, einen Leonardo da Vinci oder van Eyck findet man nicht.

Der Habsburger König Felipe II. (1528–1598), im Grunde ein eiskalter Pedant, brachte Ordnung in die Sammlung und kaufte einen **Hieronymus Bosch** nach dem anderen, dessen Spukwelt ihn genauso faszinierte wie Tizians mystisch-farbenreiche Sinneswelt. Felipe IV. (1605–1665) bereicherte die Sammlung in einer Zeit prekärer politischer Verhältnisse um Gemälde von Rubens, Zurbarán und Claude Lorrain, welche sein **Hofmaler Velázquez** unter die Obhut nahm. Aus England kaufte er Tizian, Tintoretto, Raffael und auch Dürers Selbstbildnis von 1498. (Im Museum findet man ihn unter dem Namen „Alberto Durero", Hieronymus Bosch heißt „Jerónimo del Bosco".)

Die Bourbonen standen hinter dem Sammeleifer der Habsburger nicht zurück und veranlassten Klöster und Kunstsammler zur mehr oder weniger freiwilligen Herausgabe ihrer Schätze. Carlos III. (1716–1788), sonst

031md Abb: tb

sicher der beste König des „französischen Jahrhunderts", hätte dem Prado beinahe Schlimmes angetan. Ganz im Zeichen seiner Zeit fand der prüde Herrscher Aktbilder wie die von Tizian und Rubens, Bosch („Garten der Lüste") und Dürer („Adam und Eva") so verwerflich, dass er kurz vor seinem Tod beschloss, diese Meisterwerke verbrennen zu lassen. Carlos starb, sein Hofmaler rettete jedoch die Werke, denn der böhmisch-deutsche **Anton Raphael Mengs** konnte den gutmütig-plumpen Nachfolger Carlos IV. (1748–1819) von dem Vorhaben abbringen.

Goya wiederum porträtierte Carlos IV. unverhüllt und realistisch. Von Goya finden sich heute über 150 Werke seines vielfältigen Schaffens in der Sammlung des Prado. Manche seiner Bilder gingen im Spanischen Bürgerkrieg (1936–1993) sogar auf Reisen. Die Republikaner luden unter anderem das Meisterwerk „Die Erschießungen der Aufständischen" auf schlecht gesicherte Lkws, um es vor den Nationalisten zu schützen: Erst ging es nach Valencia, dann nach Katalonien, schließlich sogar bis nach Genf. Tatsächlich wurde der Prado während der Kampfhandlungen beschädigt, doch ausgerechnet dieses

Meisterwerke ergoogeln

Einige Meisterwerke der Prado-Sammlung wie bspw. „Las Meninas" von Velázquez lassen sich in brillanter Qualität mit Google Earth auf den eigenen Rechner laden (kostenfrei). Die Gemälde sind mit 14 Gigapixeln aufgenommen – sagenhaft, wie nah man den Bildern dadurch kommt! So lassen sich Details wie Augenwimpern und Hautpartikel heranzoomen und man erfährt in gewisser Hinsicht viel mehr über die Meisterwerke, als man vor Ort mit dem bloßen Auge sehen würde. Der Prado hat diesen Service als weltweit erste Pinakothek ermöglicht.

⌂ *Ein genialer Maler: Diego de Velázquez vor dem Prado-Museum*

Bildkopierer

Tag für Tag sitzt Joaquina mit Staffelei, Ölfarben und zahllosen Pinseln im Prado vor einem der religiösen Gemälde Rubens'. Um den Flamen kopieren zu dürfen, hat sie beim Direktor ihre fünfjährige Ausbildung in der Akademie Bellas Artes dokumentiert und Werke aus ihrem Atelier vorgezeigt. Erst dann bekam sie die Erlaubnis dazu. Für eine Kopie, sagt sie, brauche sie rund acht Wochen. Manche halten sie für schamlos, weil sie diese später für rund 4000 € verkauft. Doch Joaquina versteht die Studie großer Maler vor allem als **Stilübung mit langer Tradition:** *„Goya hat schließlich auch Velázquez kopiert", sagt sie. Das stimmt, und Velázquez malte Bilder Riberas ab.*

Bild vom Krieg blieb aufgrund der waghalsigen Reise unversehrt.

Wie geht man dieses gewaltige Museum an? Die **Liste sehenswerter Maler ist endlos.** Neben den oben erwähnten gibt es aus der spanischen Schule u. a. El Greco, Coello, Herrera, Ribalta, Murillo und Ribera, aus flämischer Schule neben Bosch u. a. Breughel d. Ä. und van Dyck, aus der französischen Poussin und Vouet.

Hemingway hatte schon Recht, als er behauptete, man könne jedes Frühjahr nach Madrid kommen, allein um den Prado zu besuchen. Wer sich viel Zeit für die Pinakothek nehmen kann, sollte im Museumsshop des Prado einen **Museumsführer** kaufen, die es in vielen Sprachen gibt. Zwei Maler verdienen aber auf alle Fälle Beachtung, auch wenn man nur eine Stunde Zeit hat: Velázquez und Goya.

Nirgendwo sonst sind die beiden spanischen Meister so hochwertig und zahlreich vertreten wie hier – ihre Werke sind die unbestrittenen Glanzlichter der Pinakothek.

❯ Paseo del Prado s/n, Metro: Atocha, www.museodelprado.es, Mo–Sa 10–20, So 10–19 Uhr, Neujahr, Karfreitag, 1. Mai und 25. Dez. geschlossen, Eintritt: 14 €, ab 65 Jahren 7 €, unter 18 und für Studenten gratis, kostenlos auch Mo–Sa ab 18, So ab 17 Uhr (lange Warteschlangen). Am Eingang bekommt man einen Übersichtsplan, hier kann man sich einen Kopfhörer-Audioguide in deutscher Sprache ausleihen.

㉓ Caixa Forum ★★★ [F5]

Das neue Kulturzentrum der Stadt glänzt mit moderner Architektur und gutem Programm.

Das zwischen dem Atocha-Bahnhof ㉖ und dem Museo Thyssen-Bornemisza ㉑ liegende Caixa Forum ist ein **architektonisches Highlight** der Stadt. Konzipiert hat es das Schweizer Büro Herzog & de Meuron (sie entwarfen u. a. die Allianz Arena in München und das Nationalstadion in Peking) im Auftrag der katalanischen Sparkasse, der größten und reichsten des Landes.

Auf mehreren Stockwerken befinden sich auf dem Areal eines früheren Elektrizitätswerks Ausstellungsräume mit alter und moderner Kunst und ein ausgezeichnetes Café. Häufige Konzerte und Lesungen und vor allem das **legere, lichte Ambiente,** das sich von den gewichtigen Museen der Umgebung deutlich abhebt, überzeugen. Besonders beachtlich aber ist der **vertikale Garten** des französischen Botanikspezialisten Patrick Blanc: eine überdimensionale Grünfläche an einer Hauswand mit rund

15.000 Pflanzen! Der Eintritt ist frei, die Veranstaltungen günstig.

❯ Paseo del Prado 36, Metro: Atocha, http://obrasocial.lacaixa.es, tgl. 10–20 Uhr, Eintritt 4 €

㉔ Botanischer Garten (Jardín Botánico) ★ [F5]

Der mit acht Hektar recht überschaubare Jardín Botánico liegt gleich gegenüber der Südseite des Prado-Museums ㉒. Was sich hinter den Eisengittern des Gartens befindet, lockt neben Besuchern auch Forscher, die hier die getrocknete Flora Lateinamerikas studieren. Zum Fundus gehören außerdem 6000 gezeichnete Pflanzen eines Wissenschaftlers aus Neu-Granada (Kolumbien).

Als die Anlage 1781 durch Carlos III. eröffnet wurde, befanden sich hier lediglich 650 Pflanzen und Bäume, die man aus dem alten Botanischen Garten im Westen der Stadt überführt hatte. Gleichzeitig beauftragte der König Vertreter in den Kolonien mit der **Zusendung von Pflanzen und Samen** und schickte Zoologen und Botaniker auf Handelsschiffen der spanischen Flotte nach Übersee. So reicherte man den Garten allmählich mit exotischer Flora an, die angehende Botaniker in der angegliederten Schule unter die Lupe nahmen. Seitdem wächst alles unter wissenschaftlicher Aufsicht, ob australischer Eukalyptus, pyrenäische Steineiche oder tropischer Wollbaum.

Seit gut 100 Jahren wird auch der Öffentlichkeit Zutritt gewährt. Hinter den Gartengittern riechen Besucher an einer der **30.000 verschiedenen Arten**, legen sich auf eine der schattigen Bänke oder stöbern in einem Schmöker, den sie gerade zum Spottpreis in der Buchstraße Claudio Mo-

yano südlich des Gartens vom fliegenden Händler erstanden haben.

Übrigens ordnete der König bei der Eröffnung des Botanischen Gartens an, dass die hier gesammelten Heilkräuter jeden Morgen Kranken umsonst verabreicht werden sollten. Der Brauch hielt sich bis in die 1960er-Jahre. Formal ist die Anordnung aber nie widerrufen worden und wer heute hartnäckig auf sein Recht pocht, heißt es, hat gute Chancen, noch immer von der sozialen Geste des „besten Bürgermeisters" zu profitieren.

❯ Plaza de Murillo 2, Metro: Atocha, www. rjb.csic.es, Mai–Aug. tgl. 10–21, sonst 10–18 Uhr, Eintritt: 3 €

㉕ Retiro-Park (Parque de Retiro) ★★★ [H3]

Für viele Madrider ist der Retiro Treffpunkt, Sportplatz und Erholungsort in einem. Auch die Besucher lieben ihn als die schönste und erholsamste Grünfläche der Innenstadt.

Die Tradition des Parks geht bis auf die katholischen Könige zurück. Das von ihnen gegründete Kloster San Jerónimo mit seinen Gartenanlagen am östlichen Stadtrand wurde für alle folgenden Könige **beliebter Ort der Muße und des Rückzugs** (*retiro*) aus dem weltlichen Leben. Der lebenslustige Felipe IV. schließlich war es, der diese Anlagen zum „Real Sitio del Buen Retiro", zu einem königlichen Ort der Erholung, erklärte. Hier fanden die von ihm so geliebten Gesellschaften und Feierlichkeiten mit Stierkämpfen, Feuerwerk, Tanz und königlichem Theaterspiel statt. Während des Unabhängigkeitskrieges funktionierten die Franzosen das Erholungsgebiet kurzerhand zum Truppenübungsplatz um. Von dem Real Sitio blieben nur noch der Salón del

Baile (heute Casón del Buen Retiro) und der Salón de los Reyes stehen. In der Ersten Republik schließlich erklärte man den Park zum Stadteigentum mit freiem Eintritt für alle Madrider.

Heute gehört der Retiro tatsächlich dem Volk. Die edlen Paare aus dem angrenzenden Stadtviertel Salamanca spazieren neben fahrradfahrenden Kindern und Bettlern. Jugendliche tummeln sich auf den Wiesen oder liefern sich mit den kleinen Booten auf dem See Wasserschlachten, Jogger drehen ihre Runden und die alten Herren treffen sich zu einer Partie Schach.

Alfonso XII., der Urgroßvater des heutigen Königs, hat ein wachsames Auge auf den gesamten Park. Er sitzt hoch zu Ross, umgeben von einem **kitschigen, halbrunden Monument** mit 76 griechischen Säulen **am Ufer des künstlich angelegten Teichs** (Estanque del Retiro) inmitten des Parks. Seinen exklusiven Platz verdankt er der Initiative der Königin María Cristina und dem Bildhauer José Grasas Riera. Zu seinen Füßen, am Sockel der Statue, ist von der königlichen Erlauchtheit nichts mehr zu spüren. Hier erhascht man die ersten Sonnenstrahlen im Frühling und räkelt sich zwischen den Säulen, bis man die ideale Ruhelage gefunden hat. Frisbeescheiben schwirren durch die Luft, zerkaute Sonnenblumenkerne werden auf die Sockelstufen gespuckt.

Am gegenüberliegenden Ufer, dem Paseo Salón del Estanque, sitzen vor allem am Wochenende die Tarot-Profis an ihren Klapptischen, um den Passanten ihr bevorstehendes Schicksal aus den Karten zu lesen. An den kleinen, über den ganzen Park verteilten Terrassenkiosken gönnen sich Eltern einen Aperitif – die Kinder werden währenddessen mit Marionettentheater oder einem Eis bei Laune gehalten.

Am Paseo de Venezuela liegt der **Velázquez-Palast** (Palacio de Velázquez) aus dem Jahr 1883, in dem heute Ausstellungsräume untergebracht sind. Nur wenige Meter davon entfernt befindet sich das Schmuckstück des Parks, der an einem kleinen Teich gelegene **Kristallpalast (Palacio de Cristal)**. Diese transparente Glas-Eisen-Konstruktion mit dem schönen weißen Treppenaufgang wurde ursprünglich von Ricardo Velázquez 1887 für eine Blumenausstellung gebaut. Heute stellt man Kunst in dem einzigen Saal des Palästchens aus, das wegen seiner Form auch *bombonera* genannt wird, Bonbonschachtel.

Das romantische Ambiente rund um den kleinen See am Kristallpalast zieht die Interpreten klassischer Musik an. Ihre jazzenden Kollegen und die Reggae-Gruppen spielen lieber am großen See (s. o.). Die **Festivals, Veranstaltungen und Konzerte im Park** sind sehr beliebt und fester Bestandteil des kulturellen Lebens geworden. Auf dem Paseo Duque de Fernán Núñez findet im Mai die jährliche Büchermesse unter freiem Himmel statt. Neben den Neuheiten des Büchermarktes, unzähligen Enzyklopädien und den alten Klassikern gibt es Treffpunkte mit Autoren, Aktivitäten für Kinder und natürlich Stehbars.

Beim Sommerfestival (Veranos de la Villa) spielt das Stadtorchester am Abend auf dem bunt angestrahlten Monument Alfonsos XII. über den See hinweg klassische Musik. Ganz in der Nähe steht übrigens Madrids Teufel: Auf dem **Fuente del Angel Caído** ("Brunnen des gefallenen Engels")

hat man Luzifer ein Denkmal gesetzt. Manche glauben, Madrid sei die einzige Stadt der Welt, die eines ihrer Monumente dem Teufel widmet. Jedenfalls stammt die Plastik von dem Madrider Ricardo Bellver und wurde während der Jahresausstellung 1881 sogar mit dem ersten Preis ausgezeichnet.

❯ Metro: Retiro oder Atocha, geöffnet: Mai–Nov. 6–24, sonst 6–22 Uhr

❷❻ Bahnhof Atocha (Estación de Atocha) ★★ [G6]

Der **gusseiserne Jugendstilbahnhof** mit viel Glas und rötlichem Sandstein stammt aus dem späten 19. Jh. und liegt südlich des Botanischen Gartens. Er fungiert nicht nur als Anlaufstelle für die Bahn, sondern auch als **tropischer Plamengarten inklusive Cafés und Discos.** Auf kleinen Wegen

spaziert man hier durch ein regelrechtes Gewächshaus. Stararchitekt Rafael Moneo, der auch für die Erweiterung des Prados verantwortlich war, sorgte 1993 für den überraschenden Umbau. Der tropische Palmengarten unter dem Bahnhofsgewölbe ist auch an kalten Wintertagen einen Besuch wert, denn hier herrschen konstant 24 °Celsius.

Im Zugangsbereich der Nahverkehrszüge ist eine **Gedenkstätte** für die Opfer eines verheerenden Anschlags islamistischer Terroristen zu sehen. Am 11. März 2004 töteten Sprengsätze in mehreren Madrider S-Bahnen im oder auf dem Weg zum Bahnhof insgesamt 191 Menschen.

❯ Metro: Atocha

KLEINE PAUSE Das **Terrassenrestaurant Samarkanda** ist eine gute, wenn auch nicht billige Adresse, um im Atocha-Bahnhof mit Blick auf die Palmen etwas zu essen.

⌂ *Viel Grün im Bahnhof Atocha*

Im Kiez: Malasaña und Chueca

Die Alstadtviertel Malasaña und Chueca sind Wohngegenden, die nur von wenigen Touristen besucht werden. Während Malasaña rund um die Plaza del Dos de Mayo eher noch das alte Madrid widerspiegelt, hat sich Chueca mit der Plaza Chueca in den letzten Jahren sehr modernisiert und viele junge Designer angelockt. In Sachen Nachtleben sind beide Viertel sehr beliebt.

㉗ Plaza del Dos de Mayo ★★ [C1]

Der Platz ist das Zentrum des Viertels Malasaña, das tagsüber ruhig und nachts wegen seiner Bars beliebt ist.

Am 2. Mai 1808 begann auf dieser Plaza – die in Gedenken an das historische Datum „Dos de Mayo" heißt – ein **Aufstand der Madrider Bevölkerung** gegen die französischen Truppen Napoleons. Von einer nahegelegenen Kaserne aus organisierten die militärischen Führer Daoiz und Velarde den verzweifelten Aufstand gegen die Besetzer, dessen Verlauf Goya in Zeichnungen und Bildern festgehalten hat (s. S. 50). Der **Ziegelsteinbogen**, der heute mitten auf dem Platz steht, ist das ehemalige Tor der Kaserne. Davor erheben Daoiz und Velarde als Statuen ihre inzwischen wieder reparierten Schwerter.

Viele Straßen um den Platz sind nach den gefallenen Helden des 2. Mai benannt, z. B. die Calle **Manuela Malasaña**. Als erst fünfzehnjährige Bewohnerin des Viertels half Manuela ihrem Vater, die Kaserne zu verteidigen, wurde von den anderen unbemerkt verwundet und kämpfte, bis sie schließlich verblutete. Nach ihr ist inzwischen nicht nur die Straße und das gemütliches Café Manuela (s. S. 32) in der Calle de San Vicente Ferrer benannt, sondern das ganze *Barrio* (Viertel). Heute steht Malasaña im Schatten berühmterer Viertel wie Huertas und Chueca, doch die Mieten sind relativ niedrig und so **leben hier viele Studenten.**

Die Plaza ist – im städtischen Vergleich – besonders ruhig, denn sie ist **verkehrsberuhigt.** Samstags findet hier ein **kleiner Trödelmarkt** statt.
❯ Metro: Bilbao oder Tribunal

㉘ Museo de Historia ★ [D1]

Das Historische Museum zeigt Ausstellungsstücke und Fotos, die dem Besucher die **Stadtgeschichte** nahebringen sollen. Neben zahlreichen Kunstwerken überzeugt ein **Modell Madrids aus dem frühen 18. Jahrhundert**, an dem man den Unterschied zu heute gut nachvollziehen kann.

Am ehemaligen Hospiz ist eine Barockfassade des Architekten Ribera erhalten. Beachtlich ist **Goyas Gemälde „Allegorie des 2. Mai"**, das er 1809 im Auftrag von Joseph Bonaparte unter dem Titel „Allegorie" malte. Der Titel wurde später mit dem Zusatz „des 2. Mai" versehen und symbolisierte von da an den Widerstand gegen die französischen Truppen.
❯ Fuencarral 78, Metro: Tribunal, Di–So 9.30–20 Uhr, Eintritt frei

KLEINE PAUSE

Chillen an der Plaza
◗155 [E2] **Café Acuarela,** Gravina 10, 15–2 Uhr. Sehr gemütliches Café ganz in der Nähe der Plaza de Chueca mit chilliger Musik und guten Kaffeesorten.

㉙ Plaza de Chueca ★★ [E2]

Die Plaza ist das Zentrum des derzeitigen gleichnamigen In-Viertels.

Wer mit der Metro an der Station ankommt, steigt die Treppen direkt zum **verkehrsberuhigten, charmanten Altstadtplatz** hinauf. Die Plaza Chueca ist Kern eines Stadtviertels, in dem in den letzten Jahren sehr **viele Designerläden und Bars** entstanden sind. Dabei hat das *barrio* einen Großteil seiner schönen, alten Baustruktur erhalten.

Rund um die Plaza Chueca finden Modefans so manchen innovativen Laden für Taschen, Schmuck und Kosmetika. Übrigens: Einen Namen hat sich Chueca auch noch in anderer Hinsicht gemacht. Es gilt landesweit als die **Hochburg der Schwulen** und im Viertel kursiert der Scherz, dass die Bewohner sehr tolerant sind – gegenüber Heterosexuellen. Auf der Plaza selbst ist es tagsüber relativ ruhig, dann kann man umgeben von alten Bürgerhäusern in aller Ruhe seinen Kaffee trinken. Nachts, vor allem am Wochenende, ist hier allerdings der Bär los.

❭ Metro: Chueca

㉚ Museo del Románticismo ★ [E1]

Im ehemaligen Palast des Marquéz de la Valle-Inclán ist das kleine Museum der Romantik eingerichtet, das dem Besucher einen Einblick in diese Epoche vermittelt. Ein Raum ist alleine dem **großen Vertreter der spanischen Romantik, Mariano José de Larra,** gewidmet. Zu sehen ist unter anderem die Duellpistole, mit der sich der Schriftsteller und Journalist aus Liebeskummer und politischer Verzweiflung erschoss.

Der Hausherr selbst war Schüler der Real Academia de Bellas Artes de San Fernando. Seine Leidenschaft galt vor allem den Romantikern des 19. Jahrhunderts, deren Werke heute in den ehemaligen Wohnräumen ausgestellt sind. In seinem Arbeitszimmer *(estudio)* befinden sich seine eigenen Versuche, Velázquez und El Greco zu kopieren. Interessant sind auch die alten **Stiche und Lithografien,** die einzelne Stadtgebiete Madrids aus der Zeit des 18. und 19. Jahrhunderts abbilden, nicht zu vergessen natürlich die Werke der großen spanischen Meister Goya („San Gregorio Magno im Gebetszimmer", „Oratorio") und Velázquez. Auch der Garten lohnt einen Besuch.

❭ Calle de San Mateo 13, Metro: Tribunal, http://museoromanticismo.mcu.es, Mai–Okt. Di–Sa 9.30–20.30, sonst Di–Sa 9.30–18.30, So 10–15 Uhr, Eintritt 3 €

Entdeckungen außerhalb des Stadtkerns

㉛ Salamanca ★ [ci]

Nach wie vor gilt das nördlich des Zentrums gelegene, schachbrettartig angelegte Bürgerviertel Salamanca als das **edelste Wohngebiet** der Stadt. Ob Agatha Ruiz de la Prada, Adolfo Domínguez, Loewe, Alfredo Villalba oder Purificación García: Wer als Modedesigner etwas auf sich hält, hat eine Dependance an der Straße **Calle de Serrano** [G1/2]. Sie verläuft parallel zur Castellana und **lockt mit Mode, Einrichtungshäusern, Feinkostläden, eleganten Cafés und gehobenen Restaurants.** Neben teurer Markenkleidung und Accessoires findet

Entdeckungen außerhalb des Stadtkerns

KLEINE PAUSE

Shoppingpause

Die Terrasse mit Bar im 4. Stock des Centro Comercial ABC bietet einen guten Blick auf die Hochhäuser der Umgebung (geöffnet 9–24 Uhr).

man hier inzwischen durchaus auch eine Auswahl an Erschwinglichem, so auch in manchen der 80 Modeläden des **Einkaufszentrums ABC Serrano** (s.S. 22). Der kachelverzierte Ziegelsteinbau war einst der Sitz der Tageszeitung ABC und ist auch von der parallel verlaufenden Castellana zugänglich.

Der Bummel lässt sich auf die Straße Ortega y Gasset bis zur Plaza de Marqués de Salamanca ausdehnen oder mit einer kleinen Zeitreise durch das spanische Kunstschaffen verbinden. In der Calle Serrano 122 steht der großbürgerliche Palast und heutige **Museum des Publizisten und Kunstmäzens Lázaro Galdiano** (s.S. 52) mit einer eindrucksvollen privaten Kunstsammlung, die auch alte italienische und flämische Meister sowie Werke von Goya umfasst. Überquert man in dieser Höhe die Castellana, ist es nicht mehr weit zum **Museum des Impressionisten Joaquín Sorolla** (Museo Sorolla, s.S. 53) in dessen Villa am Paseo del General Martínez Campos, wo auch der schattige, andalusisch inspirierte Garten überzeugt.

❯ Metro: Serrano oder Ruben Darío

▷ *Anfeuernde Fans auf den Rängen des Bernabéu-Stadions beim Fußballklassiker Real Madrid gegen FC Barcelona*

32 Santiago-Bernabéu-Stadion ★ [cg]

Schon 1923 hatte Real Madrid, der erste Fußballklub der Stadt, hier sein Fußballstadion. Von den rund 22.500 Plätzen feuerten die Fans ihre Mannschaft an, den prominentesten unter ihnen war sogar eine überdachte Tribüne vorbehalten. Seit das alte Stadion 1944–1946 umgebaut und erweitert wurde, gehört es zu den **größten Fußballarenen der Welt**. Der Name erinnert an den Gründer und langjährigen Präsidenten des Vereins.

Für die Fußballweltmeisterschaft 1982 wurde das Stadion nochmals umgebaut und den modernen Sicherheitsnormen angepasst. Heute bietet es über **70.000 Zuschauern** Platz und ist **von gegnerischen Mannschaften gefürchtet**: Als reines Fußballstadion ohne Laufbahnen sitzen die Fans ungewöhnlich nahe am Spielfeld. Hier ein Spiel der Topmannschaft Real Madrid zu sehen, ist nicht nur für eingefleischte Fußballfans ein Erlebnis. Karten gibt es bei den Filialen der Bank Caja de Madrid oder direkt am Stadion, aber nur mit viel Glück.

Als Alternative zum unwahrscheinlichen Ticketglück bietet sich eine **Tour durchs Fußballstadion** an, die – außer an Spieltagen – täglich angeboten wird. Ab dem Eingang am Tor 42 (Puerta 42, Fondo Sur) geht es per Lift auf die Ränge, nach unten durch die Umkleidekabinen der Stars, zum Museum mit den Trophäen, zahlreichen Bildern und Fanartikeln. Man kann am Fußballfeld Platz nehmen, wo schon Zinédine Zidane saß, die Schuhe von Raúl bewundern und sehen, wie unglaublich unhandlich manche Pokale sind. Eine Stunde Zeit sollte man sich für die Tour schon nehmen.

051md Abb.: tb

Santiago Bernabéu

Der Mann widmete sein Leben Real Madrid wie vor und nach ihm kein anderer. Von 1943 bis 1978 war er Klubpräsident, zuvor spielte er sagenhafte 17 Jahre im Mittelfeld für den Verein. Kein Wunder also, dass das Stadion seinen Namen trägt.

❯ Paseo de la Castellana, Metro: Santiago Bernabéu, www.realmadrid.com

❯ **Ticketschalter:** Taquilla 10 neben Puerta 7 (Tor 7) am Paseo de Castellana

❯ **Stadiontour:** Kasse: Taquilla 10, an der Puerta 7 (Tor 7), tgl. 10.30–18.30 Uhr (außer an Spieltagen), Erwachsene 19 €, unter 14 Jahren 13 €, bis 4 Jahre gratis, Tel. 902311709

33 Arena Las Ventas ★ [ci]

Die Stierkampfarena östlich des Zentrums ist die **größte der Welt,** fasst 23.000 Besucher, hat Legenden und auch mal eine Torera erlebt, tödliche Unfälle und sehr viel Blut. Sie ist ein rotes Tuch für nordeuropäische Tierschützer und Katalanen. (Die Barceloner haben ihre Arena kurzerhand stillgelegt.) Den enthusiastischen *aficionado*s dagegen gilt das **maurisch anmutende Ziegelsteinrund** aus dem Jahr 1931 als sakraler Ort. Wichtigste Zeit ist das Fest San Isidro im Mai (s. S. 14), wenn die Saison beginnt und ab Mitte Mai täglich Stierkämpfe stattfinden (sonst nur an Wochenenden).

Der Kampf und vor allem die Nachwuchstoreros finden viel Echo in den Medien. Weniger im Rampenlicht, aber umso mächtiger ist eine Clique aus steinreichen Züchtern und windigen Organisatoren. Modedesigner wie Armani haben schon Toreros eingekleidet und Filmemacher Hits gelandet, unter ihnen Pedro Almodóvar mit dem herrlichen Film „Matador".

❯ Plaza de Toros Monumental de las Ventas Alcalá s/n, Metro: Ventas

❯ **Karten** gibt es an der Arena und an den Schaltern in der Altstadtgasse Calle de la Victoria [D4]. Günstiger als die im Schatten *(sombra)* sind die in der Sonne *(sol).*

Büffeln in der Stierkampfschule

Schon Neunjährige besuchen die Stierkampfschule „Escuela de Tauromaquia de Madrid" im Park Casa del Campo. Sie üben an behörnten Schubkarren und geben sich Kampfnamen berühmter Matadore wie „Joselito", „El Cordobés" oder „El Viti". Immer dann, wenn sie die Haupthalle betreten, sehen sie Vitis martialischen Spruch an der Mörtelwand: „Stierkämpfer zu werden ist fast ein Wunder. Aber wer es schafft, dem kann der Stier zwar das Leben nehmen, den Ruhm niemals."

Es sind vielfach Kinder armer Eltern, die nichts mehr ersehnen, als dass ihre Mini-Matadore eines Tages ganz groß rauskommen. Der Unterricht kostet wenig und die Schüler erhalten auch „normalen" Unterricht. Den Betreibern ist das wichtig, denn frühere Toreros waren oft Analphabeten und wurden an den Rand der Gesellschaft gedrängt, wenn sie in der Arena versagten.

Sportlehrer und ehemalige Matadore unterrichten die „muchachos". Vor der Tafel auf Holzbänken dozieren sie über die Anatomie des Stieres, auf Videoeinwand laufen die Schritte im professionellen Kampf und in einem kleinen Betonrund machen die Zöglinge erste Stechversuche an nervösen Jungstieren. Nur 24 Kämpfe werden im Jahr organisiert und nur eine kleine Gruppe Auserwählter darf die Probe bestehen. „Wir machen niemandem Illusionen", erklärt ein Lehrer, der selbst früher einmal in der Arena stand. „Von Hundert schaffen es einer oder zwei." Die Schüler lernen, über die Bande zu springen, nach vorn und hinten zu rennen, blitzartig zuzustechen, zu töten. Vom Ruhm ist die Rede, vom Rampenlicht und vom Geld. Der Weg nach oben ist allerdings unglaublich schwer. Selbst wenn sie die Stierkampfschule Madrids erfolgreich mit einem Diplom abschließen, müssen sie zuerst auf Dorffesten ihr Können beweisen, einen Sponsor finden und mit den Kindern der Großgrundbesitzer auf dem Land konkurrieren. Und die sind auch ohne eine solche Ausbildung oft schon wegen ihres ländlichen Umfelds deutlich besser.

Schaffen sie es dennoch, dürfen sie erst mit 18 Jahren in den großen Arenen brillieren. José Arroyo Delgado, sozusagen der Vorzeige-Streber der Escuela, fand aber einen Ausweg. Als „Joselito" ging er mit 16 Jahren nach Mexiko, holte sich dort jede Menge Trophäen in Form von Ohren und Schwänzen, kam dann zurück nach Madrid und wurde einer der namhaftesten Toreros der jüngeren Vergangenheit.

Praktische Reisetipps

068md Abb.: tb

An- und Rückreise

Mit dem Flugzeug

Fliegen ist die schnellste und einfachste Anreisemöglichkeit. Madrids **Großflughafen Barajas** fliegen Lufthansa und Iberia von vielen Städten im mitteleuropäischen Raum nonstop an. Die Flugzeit z. B. ab Frankfurt/Main nach Madrid beträgt etwa 2½ Stunden. Preiswerter geht es mit etwas Glück, wenn man bei einer **Billigfluggesellschaft** frühzeitig online bucht. Zur Bezahlung wird in der Regel eine Kreditkarte verlangt.

> **Air Berlin:** von fast allen deutschen Flughäfen sowie von Basel/Mülhausen, Zürich, Salzburg, Linz, Wien und Amsterdam (alle Flüge via Palma de Mallorca), www.airberlin.com
> **easyJet:** von Berlin, www.easyjet.com
> **Germanwings:** u. a. von Stuttgart und Köln, www.germanwings.com/de
> **Ryanair:** von Frankfurt/Hahn im Hunsrück, www.ryanair.com
> **Aireuropa:** von Frankfurt und München, www.aireuropa.com

Madrids Flughafen Barajas liegt 15 km nordöstlich des Stadtzentrums. Man landet entweder an den Terminals 1, 2 und 3 oder am hypermodernen Terminal T4 (Iberia), den der britische Stararchitekt Richard Rogers entworfen hat.

Vom Flughafen in die Stadt

Mit **Taxis** kommt man bequem, aber teuer und nur wenig schneller als mit dem Bus in den Stadtkern. Sie kosten inklusive Zuschlag für das Gepäck rund 30 € pro Fahrt.

Der **Airport Express** für 5 € ist die beste Wahl. Der Bus fährt die Strecke Flughafenterminals T4, T2, T1, O'Donell, Plaza de Cibeles (und umgekehrt) rund um die Uhr, tagsüber alle 15 Min. (auch bis Atocha), nachts nur noch alle 30 Min. Die Fahrtzeit beträgt rund 40 Minuten.

Am günstigsten ist die **Metrolinie 8.** Sie fährt vom Flughafen bis zur Station „Nuevos Ministerios". Wer weiter zur zentralen Puerta del Sol ❶ will, muss noch zweimal umsteigen. Daher muss man ab Flughafen eine

052md Abb.: tb

Gepäckaufbewahrung

Büros zur Gepäckaufbewahrung (*consignas*) gibt es am Flughafen Barajas im Terminal 1 nahe der Bushaltestelle, in Terminal 2 nahe dem Metroeingang und im Terminal 4 im Erdgeschoss. Ein Schließfach für das Gepäck kostet für 24 Stunden rund 4–5 € (7–23 Uhr).

gute Dreiviertelstunde Fahrtzeit einplanen. (Das gilt natürlich auch für den Rückflug!) Normalerweise kostet eine Metrofahrt in der Innenstadt 1 €, nur vom und zum Flughafen zahlt man ein „suplemento aeropuerto" von zusätzlich 1 €.

Mit dem Auto

Die Anreise mit dem Auto ist wegen der **Autobahngebühren** und der langen Strecke nicht wirklich empfehlenswert. Auch die **Parkplatzsituation** in Madrid ist alles andere als paradiesisch, der Verkehr extrem und Falschparker werden rigoros abgeschleppt.

Folgende Parkhäuser können empfohlen werden:

P**156** [E3] **Plaza Vázquez de Mella,** am gleichnamigen Platz im Viertel Chueca nahe Gran Vía, Tel. 91 7877292, 31,50 € pro Tag.

P**157** [B3] **Plaza de Oriente,** am gleichnamigen Platz nahe dem Königspalast, Tel. 91 5481804, 31,50 € pro Tag.

Die **zulässigen Höchstgeschwindigkeiten** betragen in Spanien auf den Autobahnen 120 km/h, auf Schnellstraßen maximal 100 km/h und innerstädtisch 50 km/h. Aber 50 km/h in Madrid zu erreichen, ist nicht einfach. Die Durchschnittsgeschwindigkeit liegt in Madrid tagsüber bei un-

ter 14 km/h. Vielleicht liegt es daran, dass der spanische Regisseur Carlos Saura schon vor einigen Jahren seinen Film „Taxi" vor allem in der Nacht drehte ...

❯ **Mitfahrzentrale:** www.drive2day.de

Mit dem Zug

Züge aus dem Norden führen über Paris bzw. Zürich und Barcelona zum Madrider **Bahnhof Chamartín,** der nördlich des Zentrums liegt. Hier gibt es einen Metroanschluss (Linien 1 und 10) und ein Informationsbüro.

●**158** [cf] **Estación Chamartín**

Online lassen sich Zugfahrten buchen unter folgenden Internetseiten, auf denen man sich auch nach aktuellen Sonderangeboten erkundigen kann:

❯ www.bahn.de

❯ www.oebb.at

❯ www.sbb.ch

Barrierefreies Reisen

Vor allem für Rollstuhlfahrer ist die **Situation in Madrid durchwachsen.** Während der moderne Flughafen und viele Sehenswürdigkeiten und Unterkünfte über Rampen verfügen, gibt es noch immer Metrozugänge, die nur mit Treppen ausgestattet sind, darunter die Stationen Gran Vía und Atocha. Die eingesetzten Busse sind aber schon vielfach stufenlos.

❯ Ein **Taxi für Rollstuhlfahrer** („taxi para una persona con silla de ruedas") lässt sich unter Tel. 915478600 bestellen.

◁ *Seite 107: Der Eingang der Metrostation Opera*

◁ *Am Flughafen Barajas*

> Für **Blinde** erklingt an den Ampeln ein **Pfeifton**, wenn sie auf Grün schaltet. Extra eingerichtet wurde für Menschen mit Sehbehinderung auch ein Museum (s. S. 49, http://museo.once.es).
> Die Stadt organisiert an manchen Wochenenden **Besichtigungstouren** für Menschen mit Behinderung, aktuelle Termine nennt das Tourismusamt an der Plaza Mayor 27 (s. S. 111).

Diplomatische Vertretungen

● **159** [bi] **Deutsche Botschaft**, Fortuny 8, Metro: Rubén Dario, Tel. +34 915579000, www.spanien.diplo.de/Vertretung/spanien/de/Startseite.html
● **160** [bh] **Österreichische Botschaft**, Paseo de la Castellana 91, Metro: Cuzco, Tel. +34 915565315, www.bmeia.gv.at/botschaft/madrid.html
● **161** [H1] **Botschaft der Schweiz**, Nuñez de Balboa 35–7°, Edificio Goya, Metro: Velázquez, Tel. +34 914363960

Elektrizität

230-Volt-Wechselstrom ist in Spanien die Regel. Nur in älteren Herbergen kann es noch vorkommen, dass man für den Föhn oder Rasierapparat einen Adapter benötigt.

Geldfragen

Madrid ist im europäischen Vergleich **keine sehr teure Stadt**, vor allem die Hotels und Restaurants sind im Durchschnitt günstiger als in Paris oder Rom.

In Spanien gilt der **Euro**. Beim Bezahlen sagt man z. B. *un euro con ve-*

Madrid preiswert

> *Eine Fahrt mit der Metro oder dem Bus kostet weniger als bei uns, eine Zehnerkarte beispielsweise nur 12,20 €.*
> *Ein **Glas Wein** gibt es für vergleichsweise günstige 3 €, ein **Mittagsmenü** erhält man auch in besseren Restaurants oft schon für weniger als 15 € inklusive Getränk. Und eine Übernachtung im Doppelzimmer in einem einfachen Hostal ist schon für unter 60 € zu haben.*
> *Der **Prado** kostet normalerweise 14 € Eintritt, gratis ist er aber für alle Besucher Di–Sa 18–20 und So 17–20 Uhr.*
> *Für EU-Bürger sind einige weitere Museen und Sehenswürdigkeiten **mittwochs kostenlos,** darunter die Real Academia de Bellas Artes ❷, das Kloster Encarnación ⓬ und der Königspalast ❾.*
> *Wer nur ein Bier oder ein paar Tapas zu sich nehmen möchte, zahlt **an der Theke** oft weniger als am Tisch!*

inte, also „ein Euro *mit* zwanzig" anstatt „ein Euro zwanzig". Das Wort *euro* wird dabei Buchstabe für Buchstabe ausgesprochen: e-u-ro.

Mit der **Maestro-(EC-)Kart**e kann man rund um die Uhr Geld an Bankautomaten abheben. Je nach Hausbank wird dafür pro Abhebung eine Gebühr von 1,30–4 € bzw. 4–6 CHF berechnet. Gängige **Kreditkarten** akzeptieren alle größeren Hotels, Restaurants und Geschäfte. Oft wird jedoch weiterhin die Barzahlung bevorzugt, vor allem bei kleinen Summen.

In Spanien ist die Bezahlung und Bargeldabhebung mit einer **Vpay-Karte** ohne Probleme möglich.

Informationsquellen

Zu Hause

Die vier Büros von **Turespaña** in Deutschland verschicken auf Anfrage kostenlose Infobroschüren:

> Grafenberger Allee 100, 40237 Düsseldorf, Tel. 0211 6803981, Fax 6803985, dusseldorf@tourspain.es
> Kurfürstendamm 63, 5. Stock, 10707 Berlin, Tel. 030 8826543, Fax 8826661, berlin@tourspain.es
> Myliusstr. 14, 60323 Frankfurt, Tel. 069 725038, Fax 725313, frankfurt@tourspain.es
> Allgemeine Infoseite: www.spain.info/de
> **In der Schweiz:** Seefeldstr. 19, 8008 Zürich, Tel. 044 2536050, Fax 2526204, zurich@tourspain.es
> **In Österreich:** Walfischgasse 8, 1010 Wien, Tel. 01 5129580, Fax 5129581, viena@tourspain.es

In Madrid

> **162** [C4] **Oficina de Turismo**, Casa de la Panadería, Plaza Mayor 27, tgl. 9.30–20.30 Uhr, Tel. 915882900. Die beste Auskunftstelle der Stadt, mit Internetzugang, guten Stadtplänen, einem Shop mit Produkten rund um Madrid und geschulten Mitarbeitern. Diese informieren auch über die vielen Stadtführungen zu Themen wie Architektur, Flamenco, Kulinarisches usw., die es für rund 6 Euro auch auf Deutsch gibt. Weitere Infoäm-

⌂ *Internetterminal im Infoamt an der Plaza Mayor*

ter gibt es im Flughafengebäude und im Bahnhof Chamartín (s. S. 109).

> **163** [bk] **Oficina de Objetos Perdidos (Fundbüro)**, Paseo Molino 7, Metro: Legazpi, Tel. 915279590, Mo–Fr 9–13.30 Uhr
> **Kostenlose Infohotline** rund um die Stadt: Tel. 010 (städtisches Infoamt, auf Spanisch und Englisch)
> **Deutsche Telefonauskunft:** 11841

Veranstaltungstipps

Der **Guía del Ocio** ist ein praktisches Wochenheft mit aktuellen Infos zu Kino, TV, Musik, Theater, Nachtleben, Restaurants und Kunstausstellungen. Am Kiosk gibt es ihn jede Woche neu. Alternativ besucht man den Webauftritt des Heftes:

> www.guiadelocio.com/madrid (auf Spanisch, tagesaktuell)

Empfehlenswert ist auch die **Beilage „Metropoli" der Tageszeitung El Mundo**, die der Tageszeitung immer freitags beiliegt. Hier finden sich ebenfalls aktuelle Infos über Musikveranstaltungen, Kinoprogramm, Galerien, neue Museen und Shopping.

Madrid im Internet

> **www.esmadrid.com:** Aktuelles zu Kultur, Lesungen, neuen Filmen und Ausstellungen, auch auf Englisch.

> **www.madrid.es:** Tipps der Stadtverwaltung zu Museen, Theater, Kino, Hotels und Restaurants, auch auf Englisch.

> **www.spain.info:** Spanien-Portal mit vielen Infos (auch auf Deutsch) vom Stadtplan bis zur Pension.

> **www.spanien-reisemagazin.de:** Website zu Spanien mit vielen Infos zu Madrid.

> **www.guiadelocio.com:** Onlineversion des Wochenhefts mit aktuellen Infos zu Kinoprogramm, Restaurants und aktuellen Events aller Art (nur auf Spanisch).

Publikationen und Medien

> **El País:** Eine der führenden Tageszeitungen Spaniens, linksliberal, vor allem an Sonntagen mit aufwendigen Beilagen am Markt (www.elpais.com).

> **ABC:** Wertkonservativ und die älteste Tageszeitung der Stadt (www.abc.es).

Meine Literaturtipps

Die hier vorgeschlagenen, aus dem Spanischen übersetzten Bücher kann man im Internet bestellen. Sprachprofis finden die original spanischen Ausgaben im Madrider Kulturkaufhaus FNAC (s. S. 22).

> *Martin Casariego: „In einer Nacht in einer Bar", Ullstein. Max, bislang Bodyguard eines Drogendealers, trinkt in seiner Madrider Stammkneipe Whisky. Plötzlich steht seine Exfreundin Elsa neben ihm … Der Rest ist Hochspannung. Martin Casariego hat sich in wenigen Jahren zum Kultautor und erfolgreichen Drehbuchschreiber entwickelt.*

> *Camilo José Cela: „Der Bienenkorb", Piper. Flirts und Katastrophen, Huren und Hinterhöfe – der „Bienenkorb" („La Colmena") ist ein Potpourri der Impressionen aus Madrids Nach-Bürgerkriegszeit. Geschrieben hat ihn Spaniens Nobelpreisträger Camilo José Cela (1916–2002), der nichts mehr liebte als junge Frauen und die ordinärsten Sprüche seiner Romanhelden. Den Roman verfilmte Mario Camus mit einem Staraufgebot, darunter Victoria Abril, Antonio Resines, Ana Belén und Francisco Rabal (als Video/DVD erhältlich).*

> *Miguel de Cervantes: „Don Quijote", dtv. Der Weltklassiker ist im Grunde Knastliteratur. Cervantes (1547–1616) saß gerade wegen Betrugs ein, als er den edlen Ritter von der traurigen Gestalt gegen Windmühlen anreiten ließ. Der „Quijote" war eine Parodie auf die im Mittelalter so häufigen Schelmenromane. Herausgekommen ist dabei Spaniens berühmtestes Buch aller Zeiten. Es lebt vom Spannungsgrad zwischen Wahn (Don Quijote) und Wirklichkeit (dessen Knappe Sancho Panza). Cervantes schlug sich zu Lebzeiten mal als Kammerdiener, mal als Soldat, mal als Steuereintreiber durch. Auch mit seinem erfolgreichen Buch verdiente er fast nichts. Sein Verleger kassierte, der Autor starb verarmt.*

> *Rafael Chirbes: „Der Fall von Madrid", Heyne. November 1975: Das Radio meldet den Tod Francos. Eine spanische Großfamilie erlebt daraufhin die spannende Übergangszeit von der Diktatur zur parlamentarischen Monarchie. Chirbes entwirft ein erfrischend neutrales Bild von alten Vorurteilen und neuen Herausforderungen.*

> **El Mundo:** Liberal-konservativ und sehr erfolgreich. Das Design ist preisgekrönt (www.elmundo.es).

> **La Razón:** Besonders königstreu und seit 1998 eine Rivalin für ABC und El Mundo (www.larazon.es).

> **Público:** Spaniens jüngste Tageszeitung (seit 2007) steht eindeutig auf Seiten der Gewerkschaften und der Linken (www.publico.es). Ihr liegen oft Gratis-CDs bei (Filme, Musik, Dokus).

> **Aktuelle deutschsprachige Zeitungen** gibt es an der Puerta del Sol ❶.

> *Lion Feuchtwanger: „Goya oder Der Arge Weg der Erkenntnis",* Aufbau Tb. *Künstlerbiografie über einen Maler, der Könige, Kriegsbilder und Horrorvisionen malte. Das dekadente Leben am Hof, die Liebe des genialen Malers zur Herzogin Alba, vor allem auch die Entstehung der Gemälde sind hervorragend erzählt. Herzogin Alba portraitierte Goya übrigens splitternackt, wofür er sich später vor einem Inquisitionsgericht verantworten musste. Mein Tipp: Erst lesen, dann die Goya-Abteilung im Prado* ㉒ *besuchen.*

> *Graham Greene: „Monsignore Quijote",* dtv. *Der Brite Greene macht in seinem humorigen Spätwerk aus dem fahrenden Ritter einen eigensinnigen Pfaffen, aus Sancho Panza einen linken Dorfvorsteher und aus Rosinante einen klapprigen Seat 600. Witzig, verrückt und traurig, aber niemals trostlos.*

> *David Trueba: „Die Kunst des Verlierens",* Rowohlt. *Familienepos, dessen Handlung in Madrid angesiedelt ist. Ein sehr gut geschriebenes Buch.*

Internet und Internetcafés

Madris Internetcafés bieten Stunden- und günstige Langzeittarife. In einigen „normalen" Cafés kann man gratis mit dem eigenen Laptop online gehen (s. S. 32).

> **Infoamt an der Plaza Mayor** (s. S. 111), tgl. 9.30–20.30 Uhr. Freier Internetzugang für 15 Minuten pro Person und Tag.

> @**164** [D3] **Locutorio,** Matute Ecke Jardines. Telefon und Internet nahe der Metro Gran Vía.

Mit Kindern unterwegs

Seit 2012 benötigen Kinder von 0 bis 16 Jahren für eine Auslandsreise **eigene Ausweispapiere** (Kinderreisepass/Reisepass). Ein Eintrag im Pass der Eltern reicht nicht mehr aus!

Kinder sind in Madrid **gern gesehene Gäste.** Quengeln und Brüllen beispielsweise wird in den Restaurants von anderen Gästen gutmütig toleriert, denn Madrilenen sind kinderlieb und der Geräuschpegel ist in der Regel ohnehin hoch. Sehr lobenswert ist übrigens der Kinderbereich *(sala de menores)* am **Flughafen Barajas** (Terminal 4) mit Spielflächen, Wickelräumen und Schlafraum für die Kids.

> ●**165** [bi] **Gondelbahn Teleférico,** am Paseo del Pintor Rosales, Metro: Argüelles, tgl. 12–19, im Sommer bis 21 Uhr, hin und zurück rund 5,10 €, Kinder unter 3 Jahren gratis. Die Gondelbahn fährt vom Parque del Oeste direkt in den Park Casa de Campo.

> **Retiro-Park** ㉕. Zum Sonntagsspaziergang gehen viele Madrider in den Retiro-Park, besonders an den Wochenenden

055md Abb.: tb

Medizinische Versorgung

Bei einem dringenden medizinischen Notfall hilft die Notfallaufnahme (*urgencia*) des nächsten Krankenhauses (*hospital*). Mitglieder gesetzlicher Krankenkassen werden in den Krankenhäusern bei Vorlage ihrer **Europäischen Krankenversicherungskarte** (European Health Insurance Card) umsonst behandelt.

Im Allgemeinen gilt, dass sich der Abschluss einer zusätzliche **Auslandskrankenversicherung** empfiehlt, um Sonderleistungen wie Rücktransport abzudecken. Wer in Vorkasse treten muss, etwa beim Zahnarzt (*dentista*), sollte sich unbedingt eine **detaillierte Quittung** geben lassen. AOK, Barmer und andere Kassen kommen nur für die Kosten auf, die man für die gleiche Leistung beim Zahnarzt zu Hause zahlen würde, daher zahlt man meist drauf.

finden sich dort die Gaukler und Straßenkünstler der Stadt ein. Bei Pantomime, Marionettenspielern, Bootsfahrten auf dem kleinen Parksee und Luftballonverkäufern wird es auch Kindern mit Sicherheit nicht langweilig. Hinter dem Eingang an der Puerta de Alcalá befindet sich außerdem ein kleines Marionettentheater.

- **166** [aj] **Vergnügungspark Parque de Atracciones,** Casa del Campo s/n, Metro: Batán, www.parquedeatracciones.es. Autoscooter, Riesenrad, Achterbahn, Schießbuden, Themen-Bootsfahrten und Zuckerwatte – der Parque de Atracciones im Casa de Campo ist das ganze Jahr über ab 12 Uhr mittags geöffnet, als Familie kann man mehrere Stunden dort verbringen.

- **167** [aj] **Zoo Aquarium,** Casa del Campo s/n, www.zoomadrid.com, Metro: Batán, tgl. 11 – 18 Uhr, im Sommer länger geöffnet. Im Zoo des Stadtparks Casa del Campo tummeln sich mehrere Tausend Tiere, von Zebras über weiße Tiger bis hin zu Delfinen und Haien.

- **168** [ch] **Kinderärztin Dr. Claudia Rettberger,** Avda. Concha Espina 8, Metro: Santiago Bernabéu, Tel. 915646905

- **169** [cf] **Krankenhaus La Paz,** Paseo de la Castelana 261, Metro: Begoña, , Tel. 917277000. Eines der besten Krankenhäuser der Stadt.

- **170** [bg] **Zahnarzt Dr. Ulf Thams,** Capitán Haya 23, Metro: Cuzco, Tel. 915550870

EXTRATIPP

Deutschsprachige Ärzte

Die Deutsche Botschaft (s. S. 110) informiert über derzeit in Madrid arbeitende deutschsprachige Allgemeinmediziner und Fachärzte: Tel. 915579090.

⌂ *Der Beweis: auch für Kinder ist Madrid spannend*

Notfälle

Notrufnummern

> **Notfallhilfe und Ambulanz:** Tel. 061
> **Polizei:** Tel. 091
> **Rotes Kreuz:** Tel. 915333105
> **Apothekennotdienst:** Tel. 098
> **Fundbüro:** Tel. 915279590
> **Kartensperrung** (EC-Karten, Handykarten) **in Deutschland:** Tel. 0049 116116

Kartenverlust

Für deutsche Maestro-, Kredit- und SIM-Karten gilt überwiegend die einheitliche **Sperrnummer 0049 116116**, im Ausland zusätzlich die Nummer 0049 3040504050. Details finden sich im Internet unter www.sperr-notruf.de. Es empfiehlt sich,

vor der Reise (von einem erhaltenen Merkblatt bzw. der Kartenrückseite) die individuelle Karten-Sperrnummer zu notieren.

Da es für österreichische und Schweizer Karten keine zentrale Sperrnummer gibt, sollten sich deren Inhaber nach einer aktuell gültigen Notrufnummer ihres jeweiligen Kreditkartenanbieters erkundigen.

Öffnungszeiten

> **Einkaufszentren und Kaufhäuser:** Corte Inglés, FNAC u. a., Mo–Sa 10–22 Uhr, So 11–21/21.30 Uhr
> **Läden:** unterliegen keinem Ladenschlussgesetz, in der Regel 10–14 und 16–20 Uhr.
> **Ämter:** werktags 10–14 und 16–20 Uhr

Erscheinungen, ohne die man gut klarkommen würde

> *Nachtlärm: Es gibt sie, die gut gelaunten Discogäste, die nach 4 Uhr morgens im Pulk auf der Straße stehen und grölen und krakeelen, dass die Hostalzimmerwände wackeln, am besten noch mit Whisky- und Litrona-Bierflaschen im Gepäck, die dann splitternd auf dem Asphalt das Zeitliche segnen. Vamos, geht wieder rein in die Disco, die ist zwar noch lauter als ihr, aber dafür schalldicht und garantiert melodischer! Wirklich, gegen euch sind die ständigen Baustellen, hupenden Taxis und scheppernden Müllwagen gar nichts!*
> *Augusthitze: Wenn das Thermometer über 40 °Celsius klettert – und das tut es in Madrid gerne –, dann ist die Stadt erst nach Sonnenun-*

tergang halbwegs erträglich und man sitzt im T-Shirt an der Terrasse. Nichts wie weg, sagen sich die Madrilenen selbst, verschwinden an die Küste, vor allem nach Galicien am kühlen Atlantik, und lassen die wenigen zu Hause. Sicher, es gibt dann weniger Verkehr in der Stadt, auch ein Kulturprogramm mit Freiluftkonzerten im Retiro-Park, aber dafür hat jeder zweite Laden geschlossen. Am schlimmsten ist es, wenn man nach 3 Uhr mittags aus einem kühlen Restaurant in die Hitze kommt, am besten noch nach ein bis zwei Gläsern Rotwein. Das haut einen um und spätestens jetzt sagt man sich: Das nächste Mal komm ich im Mai. Basta.

Im August geschlossen

Viele Restaurants, Bars und so manche Läden sind im August geschlossen, weil dann die halbe Stadt Urlaub macht. Doch keine Sorge, verhungern wird in der Stadt auch in diesem heißen Monat niemand.

> **Banken:** werktags meist 10–14 Uhr
> **Museen:** viele Mo geschl.
> **Restaurants:** So zumeist Ruhetag

Post

Briefmarken *(sellos)* verkaufen auch die vielen Tabakläden in der Stadt. Momentan beträgt das Porto für eine Postkarte nach D, A und CH 0,70 €, der genaue Betrag ändert sich aber häufig. Die gelben, runden **Briefkästen** mit der Aufschrift „Correo" haben einen eigenen Einwurfschlitz für Sendungen ins Ausland *(extranjero)*.

> **Zentrales Postamt:** Plaza de Cibeles **20**, Tel. 915230694, Mo–Fr 8.30–21.30, Sa 8.30–14 Uhr

Radfahren

Der Stadtverkehr ist für den Drahtesel nicht konzipiert und wer dennoch radelt, spürt die **Rücksichtslosigkeit des motorisierten Verkehrs und dessen Abgase.** Die meisten der wenigen Radfahrer der Stadt wappnen sich auf ihre Art gegen den Verkehr: mit Sturzhelm und Mundschutz wie in einem Operationssaal.

Lohnend dagegen ist es, entlang dem Fluss Manzanares und auf dem **Anillo Verde Ciclista** rund um die Stadt zu fahren. Auf den insgesamt 64 km fährt man entlang der Parkanlage Casa del Campo, über den Campo de las Naciones und vorbei am Estadio Olímpico und ist drei bis vier Stunden unterwegs (ausgeschildert). Einen Überblicksplan und weitere Infos für Radfahrer findet man auf www.anilloverdeciclista.es (spanisch).

Ein anderer Treffpunkt für Radler ist der Pinienwald Casa del Campo. In der Metro dürfen Räder Sa und So von 6–16 Uhr mitgenommen werden.

● **171** [B4] **Urbanmovil**, Calle Mayor 78, nahe Plaza Mayor, www.urbanmovil.com. Verleih von Rädern und Segways.

Schwule und Lesben

Die homosexuelle Szene hat in Madrid eine **Hochburg: das Stadtviertel Chueca** (s. S. 102) nördlich der Gran Vía. Fast alle einschlägigen Treffs sind dort auf überschaubarem Raum versammelt, besonders angesagt sind derzeit die Bars rund um die Plaza de Chueca **29**. Hier wirkt Madrid wie ein Paradies für Schwule und Lesben, doch der Alltag sieht verhaltener aus. Homosexuelle sind in Madrid diskreter und reservierter als in den großen Städten des nördlichen Europa.

Seit mehreren Jahren existiert eine offizielle Vertretung der Homosexuellen, der **COGAM (Colectivo Gai de Madrid)**, der im Wesentlichen aus einem kleinen harten Kern besteht. Alle drei Monate gibt der COGAM das **Magazin „¿Entiendes?"** heraus und steuert gelegentlich zum Programm eines Piratensenders einige Sendeminuten bei. Bei Demonstrationen, zu denen COGAM aufruft, zeigt man zwar Flagge und erreicht auch die erhoffte Präsenz in den Medien, doch die Zahl der Teil-

nehmer ist bei einer Stadt von der Größe Madrids nicht sehr beeindruckend.

> **Informationsbroschüre: Guía gay de España**, erhältlich ein- bis zweimal monatlich an vielen Kiosken an der Gran Vía [C–E3] und an der Puerta del Sol ❶.

> **Internet: www.cogam.org (spanisch/ englisch), www.portalgay.com.** Auf den Websites wird auch über Kundgebungen, Events und Paraden beim *Dia del Orgullo Gay* („Tag des schwulen Stolzes") berichtet (meist Ende Juni/Anfang Juli).

Sicherheit

Nachtbusse und Taxis sind sinnvoll, wenn man nachts alleine unterwegs ist. **Taschendiebe** sind auch in Madrid relativ begabt und unterwegs vor allem in der Metro, auf dem Flohmarkt Rastro und in touristisch belebten Gebieten wie der Puerta del Sol ❶, der Plaza Mayor ❺ und am Paseo del Prado.

Wertgegenstände hebt man besser **im Hotelsafe** auf (falls vorhanden), evtl. auch das Original des Personalausweises. Die Polizei akzeptiert in der Regel eine Kopie und man vermeidet gegebenenfalls nervenaufreibende Behördengänge. Eine gute Idee ist es, wichtige Dokumente vorher zu scannen und zusammen mit den wichtigsten Telefonnummern an seine eigene E-Mail-Adresse zu schicken, damit man sie jederzeit aufrufen und ausdrucken kann.

Wird man Opfer eines Diebstahls, so sollte man bedenken, dass eine **Anzeige** bei der nächsten Polizeibehörde nur **für Ansprüche gegenüber Versicherungen** (zum Beispiel Reisegepäckversicherung) wichtig ist. Ansonsten ist die Stadtpolizei mit Nachforschungen bei Kleinkriminalität völlig überfordert.

Sasan ist schneller als die Polizei

Sasan aus dem Senegal ist ein sehr junger und sehr schneller Mann. Er verkauft **raubkopierte CDs zum Schleuderpreis** *von 3 €, die im FNAC oder Corte Inglés das Sechsfache kosten, mal in den Metrogängen, dann wieder in den Seitengassen der Puerta del Sol oder am Rastro. Sieht er Straßenpolizisten, sammelt er seine Ware innerhalb von Sekunden in eine Decke ein, schultert gut und gerne 100 CDs der aktuellen Hitliste und rennt garantiert schneller und sportiver als die Uniformierten hinter ihm.*

Ob Hijas del Tomate, Shakira, Estopa oder romantische Filmmusik, der Senegalese weiß, was die Kundschaft möchte. Der Boom mit Raubkopien grassiert seit einiger Zeit in der spanischen Hauptstadt. Dabei ist es keineswegs Sasan, der das große Geld macht. Er ist einer von zahllosen „manteros" (manta = Decke), die pro Scheibe kaum einen Euro verdienen. Den Rest kassieren **obskure Organisationen,** *die in den Außenbezirken der Stadt von billigen Arbeitskräften (sogenannten „Toastern") im Akkord stapelweise CDs brennen lassen. Der Schaden für die Plattenfirmen ist beachtlich, pro Jahr streichen die Produktpiraten allein in Madrid mehrere Millionen Euro ein. Doch vor allem für Sasan ist der Deal gefährlich. Er lebt illegal in Madrid. Erwischt man ihn, drohen ihm Geldstrafen und Abschiebung. Aber wie gesagt: Der Mann ist schnell, schneller als die Polizei erlaubt.*

056md Abb.: tb

Extra für ausländische Besucher hat die Stadt Madrid einen Service eingerichtet, der bei Diebstahl, Unfall oder anderen rechtlichen, aber auch sprachlichen und psychologischen Belangen hilft: **Servicio de Atención al Turista Extranjero (SATE)** heißt der **Betreuungsdienst für ausländische Touristen.** Man solle nicht zögern, bei „unangenehmen Vorfällen jeglicher Art" vorbeizukommen, meint eine Mitarbeiterin, außerdem spreche man nahezu alle Sprachen, ob Deutsch, Englisch, Russisch oder Chinesisch.

● **172** [B2] **SATE**, im Polizeirevier der Straße Leganitos 19, Metro: Plaza de España, Tel. +34 915488537 (häufig besetzt), tgl. 8–21 Uhr

Sprache

Die Madrilenen sprechen mehrheitlich **Kastilisch** *(castellano),* nur in regionalen Restaurants hört man schon mal Galicisch *(galego),* Katalanisch *(català)* oder Baskisch *(euskera).* Auch die Akzente aus Sevilla, Buenos Aires und Havanna sind auf der Straße hörbar, denn Madrid ist ein Schmelztiegel lateinamerikanischer und regionaler Sprechweisen.

Das kastilische Spanisch ist hart, reich an Konsonanten und wird in Madrid **atemberaubend schnell gesprochen.** Die Durchsagen am Flughafen sind noch moderat, die Nachrichtensprecher im Radio wirken auf fremde Ohren aber so, als seien sie gerade auf der Flucht. Auch in Bars und Restaurants wird viel, schnell und oft auch gleichzeitig geredet. So ist es zunächst auch mit Spanischkenntnissen nicht leicht, sich in ein Gespräch einzuschalten. Andererseits freuen sich die Madrilenen sehr, wenn man auch nur ein paar Worte auf Spanisch sagen kann (siehe „Kleine Sprachhilfe" im Anhang). Wer einen schnellen und umkomplizierten Einstieg in das Spanische sucht, dem sei der Kauderwelsch-Band „Spanisch – Wort für Wort" aus dem REISE KNOW-HOW Verlag ans Herz gelegt.

Auffällig ist die **Vulgärsprache,** die in Madrid bis hinauf in die höchsten Kreise gepflegt wird wie sonst nirgends im Land. Ob *cojones* (Hoden) oder *hijo puta* (Hurensohn), kaum ein Gespräch kommt ohne solche Begriffe aus, wobei der eigentliche Sinn natürlich längst nicht mehr mitgedacht wird und nur auf fremde Ohren anstößig wirkt.

Das Kastilische entwickelte sich – Zufall oder nicht – aus dem Vulgärlatein zu einer frühromanischen Sprache und wird heute **weltweit von schätzungsweise 455 Millionen Menschen gesprochen.** Während der *Reconquista* (Wiedereroberung der maurisch regierten Iberischen Halbinsel) breitete sich die Sprache aus und wurde seit der nationalen Einigung durch die katholischen Könige

⌃ *Motorisierte Wächter im Retiro-Park* **25**

Spanisch lernen in der Hauptstadt

Bei TANDEM können nicht nur Deutschsprachige Spanisch, sondern auch Spanier Deutsch lernen. Neben dem Unterricht in kleinen Gruppen bekommt jeder Sprachschüler einen Deutsch lernenden Spanier als „Tandem" vermittelt. Das Ganze läuft über lustige Fragebögen, in denen Hobbys, Interessen und andere Dinge abgefragt werden. Mit dem zugeteilten Partner trifft man sich in der Freizeit. So entsteht schnell Kontakt zu Spaniern und im Sprachaustausch können sogleich die neuesten Vokabeln angewandt werden. Sehr nette spanische Lehrerinnen und Lehrer, die sich neben den Pflichtstunden auch um ein reichhaltiges Kultur- und Freizeitprogramm kümmern, runden das Angebot ab. Die Schule vermittelt zudem Praktika in spanischen Firmen und Unterkünfte bei Familien oder in WGs.

● **173** [E3] **TANDEM,** Escuela Internacional, Marqués de Cubas 8, 28014 Madrid, Tel. 915322715, Fax 915224539, www.tandem-madrid.com/de/ spanischkurse-spanien.php (Infos zu Kursen und Preisen auf Deutsch)

(1492) immer mehr zur allgemeinen Landessprache. Der **maurische Einfluss** macht sich heute noch in vielen Worten bemerkbar, z. B. *ayuntamiento* (Rathaus) oder *alcázar* (Festung).

Während der Franco-Diktatur waren die **Regionalsprachen** verboten, heute allerdings sorgen die Regierungen in Barcelona, Vitoria und Santiago de Compostela dafür, dass ihre

eigenen Sprachen präsenter sind als die Weltsprache Kastilisch. So werden in galicischen Säuglingsstationen gern Kinderlieder-CDs auf Galicisch verteilt, damit die Kleinen gleich von Beginn an das „Richtige" hören, und in Katalonien müssen Barbesitzer ihren Kneipen katalanische Namen geben, um eine Lizenz zu bekommen.

Nicht in jedem kleineren Restaurant oder Hostal versteht man **Englisch**, geschweige denn Deutsch, wohl aber in den großen Hotels und – wenn der Zuständige nicht gerade im Urlaub ist – im Infoamt an der Plaza Mayor (s. S. 111).

Stadttouren

Descubre Madrid – „Madrid entdecken" – heißen die Stadtführungen, die täglich am Touristenbüro an der Plaza Mayor (s. S. 111) starten. Es gibt verschiedene Varianten, von Rundgängen über Fahrrad- bis zu etwas teureren Bustouren. Die **thematischen Schwerpunkte** variieren zwischen Geschichte, Legenden, Architektur, Literatur und Kunst. So hat man beispielsweise die Wahl zwischen „Meisterwerke im Prado" und „Geheimnisse des Retiro-Parks". Auch Schauspieler in Kostümen kommen schon mal zum Einsatz. Der Preis liegt

057md Abb.: tb

▷ *Auf Entdeckungstour im Doppeldeckerbus*

pro Rundgang bei rund 5 € pro Person (Museumseintritte kosten extra).
❭ Infos: www.esmadrid.com

Madrid City Tour bietet mit seinen **Doppeldeckerbussen** verschiedene Routen an: durch das historische, das moderne und das monumentale Madrid. Man kann beliebig aus- und einsteigen, Tickets kosten für einen Tag rund 20 €, unter 16- und über 65-Jährige zahlen etwa die Hälfte, Kinder unter 8 Jahren gar nichts.
❭ www.madridcitytour.es

Unterwegs mit Isabel Campo: Die sympathische Reiseleiterin Isabel spricht fließend Deutsch und bietet mit ihren Kollegen informative und unterhaltsame Rundgänge durch Museen und Stadtviertel an. Dabei lassen sich auch Schwerpunkte wie Architekturtouren buchen. Prädikat: empfehlenswert!
❭ www.madridatuaire.com

Telefonieren

❭ Im Zentrum findet man an jedem belebten Platz und entlang der großen Verkehrsstraßen **öffentliche Telefone**. Die meisten haben keine geschlossenen Kabinen, daher kann der Straßenlärm das Gespräch erheblich stören. Auch viele Bars und Restaurants verfügen über öffentliche Telefone. An den Sprechautomaten sind mehrsprachige Erklärungen zu den nationalen und internationalen Vorwahlen angebracht. An den Kiosken (*estancos*) gibt es **Telefonkarten** (*tarjetas telefónicas*).
❭ **Auslandsgespräche** führt man am günstigsten nach 22 Uhr. Dann gilt bis 8 Uhr morgens täglich der reduzierte Tarif.
❭ **Ortsgespräche** und Telefonate innerhalb Spaniens sind relativ günstig. **Alle spa-**

Telefonvorwahlen

Vorwahlen **von Spanien aus** (nach der Landesvorwahl die lokale Vorwahl ohne 0 wählen):
❭ nach Deutschland: 0049
❭ nach Österreich: 0043
❭ in die Schweiz: 0041

Vorwahl **nach Spanien:**
❭ von D, A, CH: 0034

nischen Nummern sind neunstellig, eine Ortsvorwahl gibt es nicht.
❭ **Handys:** Alle deutschen, österreichischen und Schweizer Provider haben **Roaming-Verträge** mit Partnern in Spanien. Am besten beim Provider nachfragen, welcher der Roamingpartner am preiswertesten ist, und diesen per manuelle Netzauswahl voreinstellen. Dank eines EU-Beschlusses gelten für das Telefonieren mit Handy im EU-Ausland seit 2007 **maximale Preisobergrenzen,** die 2011 nochmals gesenkt wurden: 35 Cent/Min. für abgehende Gespräche, 11 Cent/Min. für eingehende Anrufe (jeweils zzgl. MwSt). Wer in Madrid viel mit dem Handy zu telefonieren gedenkt, sollte sich jedoch vor Ort eine **Prepaid-Karte** besorgen (dafür ist ein SIM-Lock-freies Handy nötig). Der Empfang von SMS ist meist kostenfrei, der von Bildern per MMS dagegen gnadenlos teuer.

Uhrzeit

In Spanien – die Kanarischen Inseln ausgenommen – gilt die **Mitteleuropäische Zeit** (MEZ), im Sommer die Mitteleuropäische Sommerzeit (MESZ). Deutsche, Österreicher und Schweizer müssen ihre Uhren also nicht umstellen.

Unterkunft

Von der Herberge bis zum Hotel weist Madrid ein **großes Angebot** auf, auch in der Hauptsaison findet man daher leicht eine Unterkunft. Die **Preise** liegen etwas unter denen in Paris, Rom und London. **Zimmerreservierungen** kann man im Vorfeld unter den unten stehenden Websites, in Reisebüros, aber auch am Bahnhof Chamartín (s. S. 109) und am Flughafen Barajas bei der Ankunft vornehmen.

Die **Hotelkategorie** verrät ein hellblaues Schild mit weißer Aufschrift an der Unterkunft, ein aufgedrucktes „H" mit ein bis fünf Sternen. Ein **Hostal** ist etwas einfacher und dafür meist billiger. Es reicht von der sehr einfachen *fonda* (Gasthof) bis zum Drei-Sterne-Hostal. Besonders günstig sind die **Backpackerunterkünfte** und die neue, hervorragende Jugendherberge im Zentrum. Strategisch am besten übernachtet man in Huertas rund um die Plaza Santa Ana ⑰, in Chueca und in den Unterkünften rund um Gran Vía und Puerta del Sol ❶.

Für **Zimmer in WGs** lohnt ein Blick auf die Schwarzen Bretter in der Uni, bei Sprachschulen wie Tandem (s. S. 119), dem Goethe-Institut (Zurbarán 21, Metro: Alonso Martínez) oder im Jugendreisebüro TIVE (Fernando el Católico 88, Metro: Moncloa, Mo–Fr 9–14 Uhr).

Empfehlenswerte **Onlineportale** zum Suchen und Buchen:

Preiskategorien Unterünfte

€	bis 60 €
€€	50-120 €
€€€	ab 120 €

(Preis für ein Doppelzimmer pro Nacht)

› www.hthoteles.com
› www.apartmentsapart.com
› www.ibero.com

Jugendherbergen, Hostels

🛏**174** [E1] **Albergue Juvenil** €, Mejía Lequerica 21, Metro: Bilbao, Tribunal oder Alonso Martínez, Tel. 915939688, www.ajmadrid.es, Bett 18–26 €. Die modern eingerichtete Jugendherberge liegt zentral im Stadtviertel Chueca und ist sehr empfehlenswert für alle, die ihr Geld lieber in leckere Tapas stecken und ohnehin nicht in erster Linie zum Schlafen in Madrid sind. Dabei sind die 25 Gemeinschaftsräume schön eingerichtet, sie haben vier bis sechs Betten und jeweils ein eigenes Bad und Schließfach. Das Frühstück ist im Preis inbegriffen, es gibt sogar einen Fitnessraum, Billardtisch, Rollstuhlrampen, kostenlosen Internetzugang, Waschgelegenheit, Kinderspielraum und TV/DVD auf jedem Zimmer. Bettzeug und Waschen kosten jeweils 3 €.

🛏**175** [D4] **Cat's Hostel** €, Cañizares 6, Metro: Antón Martín, www.catshostel.com, Bett ab 20, DZ ab 25 €. Das Haus aus dem 17. Jh. ist maurisch dekoriert, hat einen Innenhof mit andalusischen Kacheln und eine coole Kellerbar (mit freiem Internetzugang), wo ab und zu Flamenco aufgeführt wird. Mittwochs veranstalten die Betreiber für ihre Gäste Partys in der nahegelegenen Disco Sweet. Die Mehrbettzimmer (bis zu 14 Betten) haben Gemeinschaftsbäder, es gibt aber auch kleine Doppelzimmer mit eigenem Bad.

🛏**176** [C3] **Los Amigos Sol Backpackers' Hostel** €, Arenal 26, Metro: Sol, www.losamigoshostel.com, Tel. 915592472, Bett 18–25 €. Das Los Amigos Sol bietet Mehrbettzimmer mit Gemeinschaftsbad, Kochgelegenheiten, Büchertausch, Fernsehzimmer, freien Internetzugang

059md Abb.: tb

und ein junges Ambiente. Vor allem Studenten aus aller Welt übernachten hier. Ein paar Blocks entfernt liegt nahe Ópera die ähnlich eingerichtete Zweigstelle Los Amigos Backpackers' Hostel.

Hotels

177 [D3] **Acapulco** €€, de la Salud 13, Metro: Gran Vía, Tel. 915311945, www. hostalacapulco.com. Das kleine *hostal* hat Stil: Marmorböden, gute Betten, renovierte Badezimmer – und Doppelverglasung für mehr Ruhe. Besonders empfehlenswert sind die hellen Zimmer mit Balkon und Blick auf die zentrale Plaza del Carmen.

178 [D3] **Americano** €, Puerta del Sol 11, Metro: Sol, Tel. 915222822. Einzel-, Doppel-, und Dreizimmer mit teils fantastischer Sicht auf Madrids Hauptplatz Puerta del Sol, toll ist auch die Sicht vom Aufenthaltsraum aus. Etwas in die Jahre

gekommen sind die Zimmer inkl. Bad, aber durchaus noch akzeptabel.

179 [D3] **Arosa** €€€, Salud 21, Metro: Gran Vía, www.hotelarosa.com, Tel. 915321600. Neoklassisches Prachthotel an der Gran Vía. Ruhige Zimmer, Speiseraum mit Blick auf die Nightlife-Straße, freier Internetzugang, Satelliten-TV und Fitnessraum, Garage.

180 [E4] **Astoria** €€, Carrera de San Jerónimo 30, Metro: Sevilla, Tel. 914291188, www.hostalastoria. com. Zu den Cafés und Jazzkneipen im Stadtviertel Huertas ist es von hier aus genauso nah wie zum Prado-Museum. Hochgewachsene können sich freuen: Die 26 relativ frisch renovierten Zimmer mit guten Bädern sind teils mit zwei Meter langen Betten ausgestattet!

181 [B2] **Casón del Tormes** €€€, Río 7, Metro: Plaza de España, www. hotelcasondeltormes.com, Tel. 915419746. Das funktionale, bei Geschäftsleuten beliebte 3-Sterne-Hotel – wenige Meter von der Gran Vía entfernt – hat einen beachtlichen Vorteil: Die 63 Zimmer mit Bad, Telefon und TV sind ruhig.

182 [E4] **Cervantes** €, Cervantes 34, Metro: Antón Martín, Tel. 914298365, www.hostal-cervantes.com, rund 55 €. Familiär, zentral, günstig und ruhig, daher auch trotz der banalen Zimmereinrichtung empfehlenswert (mit TV und Internetanschluss).

183 [D4] **Matute** €, Plaza de Matute 11, Metro: Antón Martín, Tel. 914295585, www.hmatute.com. Attraktive Lage in einem geräumigen Bürgerhaus des

△ *Das Cat's Hostel (s. S. 121) über-*
zeugt mit maurischem Ambiente

Stadtviertels Huertas an einem winzigen Platz mit Terrassencafés. Zimmer mit Bad, TV, Fliesenboden, Rezeption rund um die Uhr geöffnet. Ein Katzensprung zur lebhaften Plaza Santa Ana.

184 [D4] **ME Madrid Reina Victoria** €€€, Plaza de Santa Ana 14, Metro: Sol oder Antón Martín, Tel. 917016000, http://memadridreinavictoria.madridhotels.it. Einst hieß es Gran Victoria und war die Absteige berühmter Toreros und Schauspieler, heute ist das strahlend weiße Luxushotel an der Plaza de Santa Ana in Huertas ein Klassiker des modernen Designs. Die Terrassenbar hat eine geniale Aussicht und kann per separatem Aufzug auch von Nicht-Gästen besucht werden.

185 [D2] **Medieval** €, Fuencarral 46, Metro: Gran Vía oder Tribunal, Tel. 915222549. Zimmer mit komplettem Bad, die anderen Zimmer nur mit Dusche und Waschbecken sind etwas günstiger. Die Lage und die sympathischen Besitzer machen die Verkehrsgeräusche von der Straße Fuencarral in jedem Fall wett.

186 [E3] **Monaco** €€, Barbieri 5, Metro: Chueca, Tel. 915224630. Üppig dekorierte Unterkunft, die an Charme nichts vermissen lässt, günstig im Stadtviertel Chueca gelegen. Am besten sind die Zimmer 20, 21, 23 und 27.

187 [C4] **Moderno** €€€, Arenal 2, Metro: Sol, www.hotel-moderno.com, Tel. 915310900. Etwas enge, aber klimatisierte Zimmer ganz nahe der Puerta del Sol. Die Doppelfenster halten den Lärm von der Straße einigermaßen ab. Gute Bäder und TV.

▵ *Auf dem Dach des Hotels Oscar befindet sich eine Terrasse mit Pool*

188 [E3] **Oscar** €€–€€€, Plaza Vázquez de Mella 12, Metro: Gran Vía, Tel. 917011173, www.room-matehotels.com. Ansprechendes, für den gebotenen Standard relativ günstiges Designerhotel im Stadtviertel Chueca: Nicht nur die Zimmer, auch die Lobby und der Frühstücksraum sind mit kuriosen Farben und Lichteffekten ausgestattet. Die Dachterrasse mit Pool, Liegen, Lounge-Musik und Bar lieben die Gäste allein wegen der Aussicht. Ein weiteres Plus ist der kostenlose Internetzugang und auch das Telefonieren vom Zimmer aus ist nicht teuer. Zur Kette gehören auch das „Alice" im Ausgehviertel Huertas direkt an der Plaza Santa Ana, das „Mario" nahe der Oper und das „Laura" östlich der Puerta del Sol (siehe Website).

189 [D4] **Plaza d'Ort** €€, Plaza del Ángel 13, Metro: Antón Martín, Tel. 914299041, www.plazadort.com. In einer lebhaften Ecke Madrids gelegenes

Hotel, nicht weit zu den Kinos und Shoppingmeilen. Klimatisierte Zimmer mit TV, Föhn, Internetzugang und Minitresor.

🏨**190** [A1] **Ríos** €, Juan Álvarez Mendizábal 44, Metro: Ventura Rodríguez, Tel. 915595156. Wer nicht allzu viel wert auf die Einrichtung legt, weil er/sie sowieso die Unterkunft nur zum Schlafen benutzt, ist hier goldrichtig. Nette Besitzer, super Preis, nordwestlich der Plaza España und nahe an den O-Ton-Kinos in der Straße Martín de los Heros gelegen.

🏨**191** [E4] **Urban** €€€, Carrera de San Jerónimo 34, Metro: Sevilla, Tel. 917877770, www.hotelurban.com. Katalanische Architekten haben dieses moderne 5-Sterne-Hotel zwischen Puerta del Sol und Thyssen-Museum gestaltet und dabei Wert auf viel Licht und Glas gelegt. Die 96 Zimmer sind avantgardistisch gestaltet und luxuriös möbliert. Ein kleiner Pool gehört zu der Unterkunft genauso wie eine Dachterrasse, die nachts auch für Nicht-Gäste geöffnet ist und einen Blick auf die Dächer Madrids ermöglicht. Mit Garage. Vorteil für Nachtschwärmer: Frühstück gibt es bis 13 Uhr.

🏨**192** [D3] **Vázquez de Mella** €€, Plaza Vázquez de Mella 1–3, Metro: Chueca, Tel. 915223214. Sauberes, ausgesprochen empfehlenswertes Mittelklassehotel an einem weiten Altstadtplatz, unter dem ein neues Parkhaus liegt. Zentrale, relativ ruhige Lage in Chueca nahe Gran Vía.

060md Abb.: tb

Verhaltenstipps

Am besten so

> Beim doppelten Begrüßungskuss nur leicht die Wange berühren.
> Beim Ausgehen mit Spaniern auch selbst für die ein oder andere Runde sorgen. Eventuellen Einspruch ignorieren und sich durchsetzen, das kommt sehr gut an.
> In Jubel ausbrechen, wenn bei der Live-übertragung in der Kneipe ein Tor für Real Madrid fällt.
> Ein typisches Geschenk von zu Hause mitnehmen, denn man könnte ja mal eingeladen werden.
> Ein paar Wörter Spanisch lernen, das freut die Bewohner.
> Taxis am Wochenende zu später Stunde telefonisch bestellen, auf der Straße sind sie schon mal Mangelware.
> Im Hochsommer die Mittagshitze meiden.

So besser nicht

> Samstags und sonntags nicht vor 11 Uhr anrufen!
> Nicht ärgern, wenn man geduzt wird, das ist hier ganz normal.

⌂ *Begrüßungskuss an der Puerta del Sol* ➊

❭ Frauen wird oft hinterhergepfiffen – besser nicht kontern, sondern ignorieren.

❭ In Sandalen und Shorts fällt man sowohl den Dieben als auch den madrilenischen Gästen am Nebentisch zu sehr auf.

❭ Zum Essen im Restaurant mittags nicht vor 14 Uhr und abends nicht vor 21 Uhr erscheinen.

❭ Nie die Bankautomaten auf der Straße nutzen, nur jene in der Schalterhalle.

❭ Kein Portemonnaie in der hinteren Hosentasche tragen oder in der Umhängetasche – Diebstahlgefahr!

❭ Bei Verabredungen nicht über Verspätungen ärgern, die Uhr tickt hier anders.

❭ Den beliebten „Russischen Salat" (ensaladilla rusa) in einfachen Kneipen meiden. Er besteht aus sehr viel Mayonnaise, und die ist nicht immer frisch.

◹ *In Madrid parken auch schon mal kleine Rennfahrer*

Verkehrsmittel

Metro

Die Metro (www.metromadrid.es) ist eine der ältesten in ganz Europa (sie existiert bereits seit dem Jahr 1919). Das Streckennetz ist über 170 km lang. Sie ist mit Abstand die **praktischste und preiswerteste Art**, in Madrid voranzukommen.

❭ Ein **Plan** mit dem **Metronetz** *(mapa de metro)* ist auf dem Cityfaltplan dieses Buches abgedruckt, es gibt ihn auch kostenlos in den Metrostationen.

❭ **Fahrkarten:** Für nur 1,50 € kann man im gesamten Zentrum beliebig weit fahren und umsteigen. An den Fahrkartenschaltern gibt es auch die preisgünstige 10-Fahrten-Karte *(Metrobús)* für 12,20 €. Sie ist auch für Busse gültig. Für die Fahrt zum Flughafen zahlt man 4,50 € inklusive Zuschlag (Suplemento Aeropuerto). Kinder bis 4 Jahre fahren kostenlos mit.

❭ **Betriebszeiten:** Die Züge fahren ab 6 Uhr morgens bis nachts um 1.30 Uhr, Sa und So dürfen von 6 bis 16 Uhr Fahrräder mitgenommen werden.

(06)md Abb.: tb

Zusätzlich fahren **umweltfreundliche und leise Elektro-Minibusse** auf verschiedenen Routen Mo–Sa 8–21 Uhr. Für sie gelten die gleichen Fahrkarten wie für Metro und normale Busse. Fahrpläne bekommen Sie beim Infoamt an der Plaza Mayor.

› **Fahrkarten:** Eine Fahrt kostet 1,50 €, das Ticket kann man im Bus lösen. Mit der 10-Fahrten-Karte (auch für die Metro gültig) fährt man günstiger (12,20 €). Koffer dürfen in den Bussen nicht transportiert werden.

› **Airport Express:** Der Flughafenbus startet alle 15 bis 30 Min., tagsüber am Bahnhof Atocha ❷⑥ und rund um die Uhr an der Plaza de Cibeles ❷⓪.

› Wer viel mit öffentlichen Verkehrsmitteln unterwegs ist, sollte sich in der Metrostation oder am Kiosk ein **Touristenticket** (*abono turístico*) besorgen. Es kostet für einen Tag knapp 6 €, bei zwei und mehreren Tagen wird es noch günstiger.

Taxi

Es gibt nahezu 16.000 Taxis in Madrid. Die Wagen sind frei, wenn hinter der Windschutzscheibe das Schild „Libre" klemmt oder nachts die grüne Lampe auf dem Autodach leuchtet. Nach 1.30 Uhr nachts, wenn die Metro schließt, sind sie sehr gefragt, vor allem an Wochenenden. Dann besser **telefonisch bestellen.**

› **Teletaxi:** Tel. 914459008

Bus

Die roten **EMT-Busse** (www.emtmadrid.es) verkehren zwischen 6 und 23 Uhr. Danach sind die mit einem großen „N" gekennzeichneten **Buhos** („Eulen") unterwegs, die von der zentralen Plaza de Cibeles ❷⓪ in mehrere Richtungen starten. Sie sind bis 5.30 Uhr im Einsatz. Tagsüber kommen die Busse alle 15 bis 20 Minuten, nachts in etwas längeren Abständen. An den Haltestellen sind alle Stationen der jeweiligen Linie aufgelistet und ein Pfeil markiert die Fahrtrichtung.

Tagsüber bekommt man im Zentrum immer schnell ein freies Taxi. Längst hat die Stadtverwaltung **gesonderte Spuren** für Busse und Taxis auf den zentralen Straßen eingeführt.

Für 10–15 € kommt man per Taxi durch die ganze Innenstadt. Die **Tarife** variieren: Neben der Grundgebühr und dem Kilometergeld gibt es Zuschläge für Fahrten in der Nacht, an Wochenenden und an Feiertagen. Auch für Hunde, Fahrten zu Fußballspielen und zum Stierkampf oder zwischen Flughafen und Zentrum werden sogenannte *suplementos* („Zuschläge") kassiert.

⌂ *Sol* ❶*: Verkehrsknotenpunkt im Zentrum der Stadt*

▷ *Ein Spaziergang durch Madrids neuen Park Río (s. S. 56) ist gerade bei gutem Wetter ein Hochgenuss*

Sollte einem der Preis zu hoch erscheinen, kann man eine Rechnung *(factura)* verlangen und beim Infoamt (s. S. 111) nach der aktuellen Beschwerdestelle fragen. Die häufigsten Klagen betreffen überteuerte Fahrten vom Flughafen ins Zentrum. In der Regel sind die Fahrer aber **fair, redegewandt und für ihren Stress erstaunlich freundlich.**

Nahverkehrszüge

Cercanias (www.renfe.es/cercanias) entsprechen unseren S-Bahnen. Für Besucher attraktive Strecken sind: Príncipe Pío – Puerta del Sol – Avenida de América und Atocha – Recoletos (nahe Cibeles) – Chamartín sowie die Verbindung vom Bahnhof Chamartín zum Flughafen Barajas (Terminal 4). Die mit „C" plus Nummer gekennzeichneten Züge sind schneller als die Metro und kosten nur wenig mehr (ab 1,20 € pro Fahrt).

Wetter und Reisezeit

In Madrid **regnet es wenig**, dafür sorgen die karstige Hochebene und die entlegenen Gebirgsketten, an denen die Regenwolken abprallen. Die mittlere jährliche Niederschlagsmenge liegt bei 500 mm, die relative Luftfeuchtigkeit beträgt 62 %. Die regenreichsten Monate sind Oktober und Dezember, auch im Frühjahr regnet es gelegentlich.

Das **kontinentale Mittelmeerklima** hier ist also trocken. Zwar hat das spanische Wetteramt eine Durchschnittstemperatur von 14 °C errechnet, doch sagt diese Statistik angesichts der hohen Temperaturschwankungen wenig aus. Deutlicher beschreibt der Volksmund das Klima: „Madrid, neun Monate Winter, drei Monate Hölle".

Die **Sommermonate** sind heißer und trockener als an der Küste. In dieser Zeit liegen die Temperaturen

080md Abb.: tb

im Schnitt bei 23 °C. Durch die intensive Sonneneinstrahlung vom wolkenlosen Himmel kommt es im August zu mittleren Tagestemperaturen von 30 °C, mit **Spitzenwerten von 40 °C im Schatten.** Die meisten Madrilenen nehmen in diesem Monat Urlaub und fliehen an die Küste.

Auch der **Winter** ist hier extremer als am Meer. Im November und Dezember ist das Wetter noch **sehr wechselhaft.** Je nachdem, ob der Wind aus Süden oder Norden weht, kann man Anfang Dezember an einem Tag noch im T-Shirt ins Freie gehen und am nächsten Tag schon die Wintersachen überziehen. In den Wintermonaten liegen die Durchschnittstemperaturen bei 7,5 °C und können bis auf einige Grade unter Null sinken.

Auch wenn der Volksmund die Jahreszeiten nicht zu Unrecht in Winter und Hölle unterteilt, gibt es **gemäßigte Tage im Frühjahr und Herbst.** Trotz der gelegentlichen Temperaturschwankungen ist das Klima in diesen Jahreszeiten mild und von daher für eine Stadtreise besonders geeignet. Ich selbst halte den **Mai** für den besten Reisemonat, denn zusätzlich zum milden Klima locken im Umkreis des dann stattfindenden Festes des Schutzpatrons der Stadt, San Isidro (s. S. 14), viele interessante Veranstaltungen.

Aber der raue Winter und der heiße Sommer sollte von einem Stadtbesuch nicht abhalten. Selbst der klimatisch extreme Monat August, wenn in der Stadt renoviert und gebaut wird und viele Gaststätten und Läden schließen, hat seine Reize. Als „Trost" für die Daheimgebliebenen und als Anreiz für die Touristen bietet die Stadt dann ein interessantes Sommerkulturprogramm, man steht kaum noch Schlange und der immense Verkehr nimmt deutlich ab.

An dieser Stelle noch ein Hinweis zur Kleidung: Selbst bei sehr warmen Temperaturen legen Madrilenen Wert auf **gepflegtes Aussehen.** Bermudashorts an Männerbeinen in Restaurants, der Kirche oder anderswo wirken deplatziert. Selbst im August wird man kaum einen Spanier in kurzen Hosen treffen. Bei Frauen ist man da etwas großzügiger.

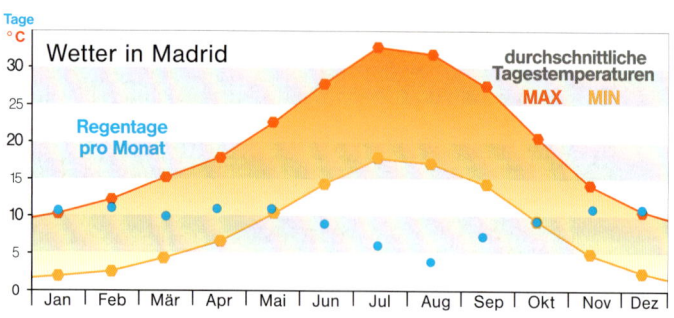

Anhang

006md Abb.: tb

Kleine Sprachhilfe Spanisch

Betonung und Aussprache

Mehrsilbige Wörter, die auf einen Vokal oder auf „n" oder „s" enden, werden auf der vorletzten Silbe betont (*la concha* – die Muschel – oder *todos* – alle). Ausnahmen sind die mit Betonungsakzent versehenen Wörter (*la degustación*, die Kostprobe).

Wörter, die auf einen Konsonanten (abgesehen von „n" oder „s") oder auf einen Vokal mit sich anschließendem „y" enden (*ayer* – gestern – oder *estoy* – ich bin/ich befinde mich) müssen auf der letzten Silbe betont werden.

Nachfolgend diejenigen Buchstaben(-kombinationen), deren **Aussprache** vom Deutschen abweicht:

ie	„i" und „e" nacheinander gesprochen
ue	„u" und „e" nacheinander gesprochen
ei	„e" und „i" nacheinander gesprochen
b	am Wortanfang wie deutsches „b", sonst ein Reibelaut zwischen „b" und „w", der zum „w" tendiert (siehe „v")
c	vor „a", „o" und „u" wie „k" in „Kirche", vor „e" und „i" wie engl. stimmloses „th" in „thing"
ch	wie „tsch" in „Matsch"
d	wird am Wortende nicht gesprochen, am Wortanfang wie stimmhaftes engl. „th" in „these"
g	vor „a", „o" und „u" wie „g" in „Garten", vor „e" und „i" wie rauhes „ch" in „Bach"
gue	wie „ge" in „gehen"
gui	wie „gi" in „Giraffe"
h	ist stumm, wird nicht gesprochen
j	wie rauhes „ch" in „Bach"
ll	wie „j" in „Jäger" (das „Doppel-l" ist ein eigener Buchstabe)
ñ	wie „nj" in „Tanja"
qu	wie „k" in „Kirche"
r	gerolltes Zungen-r
s	stimmloses „s" wie in „Bus"
v	am Wortanfang wie deutsches „b", sonst ein Reibelaut zwischen „b" und „w", der zum „w" tendiert
y	wie „j" in „Jäger", am Wortende wie „i"
z	wie engl. stimmloses „th" in „thing"

Allgemeine Verständigung, Reisealltag und Orientierung

Guten Tag	*buenos días*
Guten Abend	*buenas tardes*
Gute Nacht	*buenas noches*
Danke	*gracias*
Keine Ursache	*de nada*
Bitte	*por favor*
ja	*sí*
nein	*no*
Auf Wiedersehen	*adiós*
Bis morgen	*hasta mañana*
Bis später	*hasta luego*
Hallo! Wie geht's?	*¡Hola! Como estás?*
Wie geht es Ihnen?	*Cómo está usted?*
Danke, gut	*Bien, gracias*
Ich heiße ...	*Me llamo ...*
Mein Name ist ...	*Mi nombre es ...*
Entschuldigen Sie	*Perdone*
Es tut mir sehr leid	*Lo siento mucho*
Ich spreche kein Spanisch	*No hablo español*
Ich verstehe nicht	*No entiendo*
Sprechen Sie langsamer bitte	*Hable más despacio por favor*
rechts	*derecha*
links	*izquierda*
geradeaus	*derecho*
Nord	*norte*
Süd	*sur*
Ost	*este*
West	*oeste*
weit	*lejos*

+++ NEU: Die wichtigsten Wörter mit dem Bonus-Audiotrack des Kauderwelsch-

Kleine Sprachhilfe Spanisch

nah	*cerca*	Kirche	*la iglesia*
Richtung	*la dirección*	Polizeirevier	*la comisaría*
nach	*hacia*	Straße	*la calle*
hier	*aquí*	Weg	*el camino*
dort	*allí*	Haus	*la casa*
zu Fuß	*a pie*	Park	*el parque*
Hotel	*el hotel*	Platz	*la plaza*

Zahlen

0	*cero*	18	*dieciocho*
1	*uno*	19	*diecinueve*
2	*dos*	20	*veinte*
3	*tres*	21	*veintiuno*
4	*cuatro*	22	*veintidós*
5	*cinco*	30	*treinta*
6	*seis*	40	*cuarenta*
7	*siete*	50	*cincuenta*
8	*ocho*	60	*sesenta*
9	*nueve*	70	*setenta*
10	*diez*	80	*ochenta*
11	*once*	90	*noventa*
12	*doce*	100	*cién*
13	*trece*	1000	*mil*
14	*catorce*	10.000	*diez mil*
15	*quince*	100.000	*cien mil*
16	*dieciséis*	1.000.000	*un millón*
17	*diecisiete*		

Wetter

Wetter	*el tiempo*	Hitze	*mucho calor*
Regen	*la lluvia*	gutes Wetter	*buen tiempo*
Wind	*el viento*	schlechtes Wetter	*mal tiempo*
Wärme	*el calor*	bewölkt	*nublado*
Kälte	*el frío*	Sonne	*el sol*

Zeitangaben

heute	*hoy*	abends/nachts	*por la noche*
morgen	*mañana*	Montag	*lunes*
übermorgen	*pasado mañana*	Dienstag	*martes*
gestern	*ayer*	Mittwoch	*miércoles*
vorgestern	*anteayer*	Donnerstag	*jueves*
morgens	*por la mañana*	Freitag	*viernes*
mittags	*al mediodía*	Samstag	*sábado*
nachmittags/abends	*por la tarde*	Sonntag	*domingo*

AusspracheTrainers auf PC oder Smartphone lernen (siehe Umschlag hinten) +++

Kleine Sprachhilfe Spanisch

Januar	*enero*	Juli	*julio*
Februar	*febrero*	August	*agosto*
März	*marzo*	September	*septiembre*
April	*abril*	Oktober	*octubre*
Mai	*mayo*	November	*noviembre*
Juni	*junio*	Dezember	*diciembre*

Fragewörter und Fragen

Wann?	*Cuándo?*
Wie?	*Cómo?*
Wohin?	*A dónde?*
Woher?	*De dónde?*
Warum?	*Por qué?*
Was?	*Qué?*
Wo?	*Dónde?*
Wie viel?	*Cuánto?*
Wer?	*Quién?*
Welche?	*Cuál?*
Sprechen Sie deutsch?	*Habla alemán?*
Können Sie bitte wiederholen?	*Puede repetir, por favor?*
Wie heißt das auf Spanisch?	*Cómo se dice eso en español?*
Was kostet das?	*Cuánto cuesta esto?*
Wo gibt es ...?	*Dónde hay ...?*
Wie spät ist es?	*Qué hora es?*
Können Sie mir bitte helfen?	*Puede ayudarme, por favor?*

Unterkunft

Hotel	*el hotel*
Pension	*la pensión/el hostal*
Jugendherberge	*el albergue juvenil*
Rezeption	*la recepción*
Einzelzimmer	*la habitación individual*
Doppelzimmer	*la habitación doble*
Schwimmbad	*la piscina*
Garage	*el garaje*
Bett	*la cama*
Klimaanlage	*el aire acondicionado*
Ventilator	*el ventilador*
Heizung	*la calefacción*
Badezimmer	*el cuarto de baño*
Dusche	*la ducha*
Balkon	*el balcón*
Gepäck	*el equipaje*

Zimmernummer	*el número de habitación*
Stock	*el piso*
Safe	*la caja fuerte*
ärztliche Hilfe	*servicio médico*
zentrale Lage	*sitio céntrico*
Aufzug	*al ascensor*
Zugang für	*acceso para*
Vollpension	*pensión completa*
Halbpension	*media pensión*
Ich habe ein Zimmer reserviert.	*Tengo una habitación reservada.*
Um wie viel Uhr gibt es Frühstück?	*A qué hora se puede desayunar?*
Können Sie bitte meine Rechnung fertig machen?	*Puede preparar mi cuenta, por favor?*

Essen und Trinken

Restaurant	*el restaurante*
Frühstück	*el desayuno*
Mittagessen	*la comida*
Abendessen	*la cena*
belegtes Brot	*el bocadillo*
Appetithäppchen	*el pincho* (auch: *la tapa*)
Speisekarte	*la carta*
Vorspeisen	*las entradas*
Hauptspeise	*el plato principal*
Nachspeise	*el postre*
Suppe	*la sopa*
Fisch	*el pescado*
Meeresfrüchte	*los mariscos*
Fleisch	*la carne*
Brot	*el pan*
Butter	*la mantequilla*
Marmelade	*la mermelada*
Zucker	*el azúcar*
Salz	*la sal*
Die Speisekarte bitte	*La carta, por favor*
Die Rechnung bitte	*La cuenta por favor*
Wasser	*el agua*
Milch	*la leche*
Kaffee	*el café*
Milchkaffee	*el café con leche*
Sekt	*el champán*
Weißwein	*el vino blanco*
Rotwein	*el vino tinto*
Bier	*la cerveza* (meist Flaschenbier)
frisch gezapftes Bier	*la caña*

Transport

Bus	*el autobús*
Zug	*el tren*
Busstation	*la estación de autobuses*
Linie	*la línea*
Bahnhof	*la estación de trenes*
Bahnsteig	*el andén*
Hochgeschwindigkeitszug	*el tren de alta velocidad*
Zuschlag	*el suplemento*
Taxi	*el taxi*
Flug	*el vuelo*
Flughafen	*el aeropuerto*
Auskunft	*la información*
Abfahrt	*la salida*
Ankunft	*la llegada*
Fluggesellschaft	*la compañía aérea*
Flugplan	*el horario de vuelos*
Rückflug	*el vuelo de regreso*
Bootsfahrt	*el viaje en barco*
Wo kann man den Bus nach ... nehmen?	*Dónde se puede coger el autobús para ...?*
Wo halten die Busse nach ...?	*Dónde paran los autobuses para ...?*
Fährt dieser Bus nach ...?	*Va este autobús a ...?*
Wie lange dauert es bis ...?	*Cuánto se tarda hasta ...?*

Einkaufen

Geschäft	*la tienda*
Supermarkt	*el supermercado*
Größe	*la talla*
teuer	*caro*
billig	*barato*
bezahlen	*pagar*
Bäckerei	*la panadería*
Konditorei	*la pastelería*
Markt	*el mercado*
Buchhandlung	*la librería*
Schuhgeschäft	*la zapatería*
Zeitschrift	*la revista*
Zeitung	*el periódico*
Haben Sie ...?	*Tiene usted ...?*
Wo kann ich ... kaufen?	*Dónde puedo comprar ...?*
Wie viel kostet das?	*Cuánto cuesta esto?*

Krankheit und Notfälle

Unfall	*el accidente*
Apotheke	*la farmacia*
Arzt	*el médico*
Zahnarzt	*el dentista*
Sprechstunde	*la consulta*
Krankenhaus	*el hospital/ la clínica*
Krankenwagen	*la ambulancia*
Notfallabteilung (im Krankenhaus)	*urgencias*
Notfall	*la urgencia*
Ich bin krank.	*Estoy enfermo.*
Hilfe! (als Hilfeschrei)	*¡socorro!*
Kopfschmerzen	*dolor de cabeza*
Zahnschmerzen	*dolor de muelas*
Bauchschmerzen	*dolor de vientre*
Rückenschmerzen	*dolor de espalda*
Magenschmerzen	*dolor de estómago*

Register

Der Autor

Tobias Büscher kennt Madrid seit seinem Einzug in eine spanische WG im Stadtviertel Malasaña in den 1990er-Jahren. Während seines Studiums an der Hochschule Complutense gewann er mit dem Team der Geschichtsstudenten völlig überraschend die Tischtennis-Unimeisterschaft. Bei der anschließenden Landesmeisterschaft in Santander ging er allerdings gnadenlos unter.

Heute arbeitet Tobias Büscher als Dozent für Onlinejournalismus und hat ein eigenes Redakionsbüro: www.redaktion-koeln.de. Neben Büchern verfasst er Beiträge für die Tageszeitung taz (Berlin), diverse Magazine und das Portal www.spanien-reisemagazin.de.

Sein Dank für die Unterstützung bei diesem Band geht an Ulrike Bohnet, Elena Rodríguez, Manu Sevilla und seine Frau Silke Büscher.

Schreiben Sie uns

Dieses Buch ist gespickt mit Adressen, Preisen, Tipps und Infos. Nur vor Ort kann überprüft werden, was noch stimmt oder was sich verändert hat. Unsere Autoren sind zwar stetig unterwegs und erstellen alle zwei Jahre eine komplette Aktualisierung, aber auf die Mithilfe von Reisenden können sie nicht verzichten.

Darum: Schreiben Sie uns, was sich geändert hat. Wenn sich die Infos direkt auf das Buch beziehen, würde die Seitenangabe uns die Arbeit sehr erleichtern. Gut verwertbare Informationen belohnt der Verlag mit einem Sprechführer Ihrer Wahl aus der über 220 Bände umfassenden Reihe „Kauderwelsch".

Bitte schreiben Sie an:

Reise Know-How Verlag Peter Rump GmbH, Postfach 140666, D-33626 Bielefeld, oder per E-Mail an: info@reise-know-how.de Danke!

Bildnachweis

Die Kürzel an den Abbildungen stehen für folgende Fotografen, Firmen und Einrichtungen. Wir bedanken uns für die freundliche Abdruckgenehmigung.

Umschlag	fotolia.com
	© kasto
ip	Ingolf Pompe
ps	Petra Sparrer
tb	Tobias Büscher (Autor)
S. 2	fotolia.com
	© Renáta Sedmáková

Liste der Karteneinträge

Liste der Karteneinträge

Hier nicht aufgeführte Nummern
liegen außerhalb der abgebildeten Karten. Ihre Lage kann aber wie bei allen Ortsmarken im Buch mithilfe unserer Kartenansichten unter Google Maps™ gefunden werden (s. S. 143).

Madrid mit PC, Smartphone & Co.

QR-Code auf dem Umschlag scannen oder
http://ct-madrid.reise-know-how.de
eingeben und den kostenlosen
CityTrip-Onlineservice aufrufen!

★**Anzeige der Lage und Luftbildansichten
aller** beschriebenen Sehenswürdigkeiten
und touristisch wichtigen Orte
★**Routenführung** vom aktuellen Standort
zum gewünschten Ziel
★**Exakter Verlauf** des empfohlenen
Stadtspaziergangs
★**Audiotrainer** der wichtigsten Wörter
und Redewendungen

Weitere **kostenlose Downloads** auf
www.reise-know-how.de auf der Produktseite dieses Titels unter „Datenservice":
★**Faltplan als PDF mit Geodaten:** Nach
dem Speichern auch mobil nutzbar
auf allen Geräten mit PDF-Reader. Für
Smartphones/iPad empfiehlt sich die
App „PDF Maps" von Avenza™ mit einer
breiten Funktionspalette.
★**GPS-Daten aller Ortsmarken:** einfacher
Import in GPS-Geräte, Navis und Geo-
software auf PCs und mobilen Geräten.

ct-madrid.reise-know-how.de

Unsere App-Empfehlungen zu Madrid

❭ **Madrid Offline Street Map:** Dieser kleine Helfer verfügt neben einem detaillierten Netz-
plan auch über einen Stadtplan, der offline abgerufen werden kann (kostenlos für iOS).
❭ **Madrid Restaurants & Pubs:** Diese App für Hungrige zeigt alle Restaurants in der
Umgebung an. Alternativ kann auch nach bestimmten Restaurants gesucht werden
(kostenlos für Android).
❭ **Madrid Map and Walks, Full Version:** Mithilfe dieser App lassen sich individuelle
Stadtrundgänge erstellen. Anschließend weist das Programm zielsicher den Weg zur
ausgewählten Sehenswürdigkeit (4,49 € für iOS).
❭ **Real Madrid Time Quiz:** Dieses kleine Quiz rund um die „Königlichen" stellt selbst für ein-
gefleischte Real-Madrid-Fans eine echte Herausforderung dar (kostenlos für Android).

Madrid, Ausschnitt Zentrum

de Ferraz

Cerralbo

PLAZA DE ESPAÑA

los Mostenses

Antonio

13

24

España

Calle

Vicente

Gran

Gral Mitre

de Ricardo León

de García Molinas

Trav. de Parada

Trav. Beatas

181

15

de la Flor Baja

2

128

Calle

Calle

Calle

de Irún

Calle

de Cadarso

Calle

San

Ariza

C. Ilustracion

de

Palacio
del Senado

del Fomento

172

Lepantos

de Isabel la Católica

Pl. de la Marina
Española

Torija

Jardines

Cuesta

de Sabatini

Calle

de la Encarnación

Real Monasterio
de la Encarnación

12

88

Real
Academia
de Medicina

SANTO DOMINGO

Pl. de
Santo Domingo

C. del Fomento

Campo

Ferraz

Palacio Real

9

Jardines
del Cabo
Noval

C. de San Quintín

C. de Pavia

C. de Arrieta

C. de Santo Domingo

52

C. de Carranzanes

C. de los
muñoz del Peral

Angeles

3

Plaza
de
Oriente

157

11

C. de Felipe V

Teatro Real de la
Opera

Plaza de
la Priora

Cost

Metro

OPERA

Isabel II

Plaza de la

del Moro

Bailén

de

Jardines
de Lepanto

C. de Carlos III

50

44

Calle

de las Fuentes

C. de Lepanto

C. de Vergara

Armería

C. de Requena

Pl. de
Ramales

de Noblejas

de la Amnistía

de Independencia

49

de Lazo

71

Pl. de los
Herradores

Palacio

Calle

C. de
Banques

San Nicolás

Pl. de
Santiago

C. de Conde de Lemos

Cost. de
Santiago

Pl. de la
Cte. Las
Morenas

C. de la
Cruz ada

C. del
Biombo

Señores de Luzon

C. del
Factor

Pl. del
Biombo

171

C. J. de
Herrera

6

C. de Santiago

Pl. de
San
Miguel

C. de Ciudad
Rodrigo

7

Catedral de Nuestra Señora
de la Almudena

10

Calle

Pl. de la Mayor
Villa

18

C. de
Maestro Villas

4

Cuesta de la
Vega

Cuesta de la
Vega

Capitanía
General

Arzobispal
Castrense

Ayuntamiento

Pl. del
Cordón

C. de
Cuchilleros

C. del San Justo

C. de Segovia

86

Vega

Bailén

Calle

Sacramento

Cordón

C. de la Villa

C. de la
Cruz Verde

conde

89

78

43

Segovia

C. de
Almúdena

de

Calle

de

de Valnecigo

C. de Beatriz Galindo

de Ramón

Cta. d.l.
Carlos
Viejos

C. de
Morena

C. de
Alfonso VI

C. de Príncipe
Anglona

70

San Pedro

107

Cava

124

15

Pl. de
Gabriel
Miró

55

119

127

C. de Yeseras

Pl. de
Redondilla

83

Granado

14

San Andreas

Pl. de
San Andreas

64

75

Jardines

Seminario

Calle

Calle

Palacio Del

de Moros

62

100

Le Cabada

Metro

Plaza de la Cebada

Basílica de
San Francisco

C. de Lucien

Toledo

A

B